suhrkamp taschenbuch 4556

AF203077

Peter Handke
Versuch über den
Stillen Ort

Suhrkamp

Erste Auflage dieser Ausgabe 2014
suhrkamp taschenbuch 4556
© Suhrkamp Verlag Berlin 2012
Suhrkamp Taschenbuch Verlag
Alle Rechte vorbehalten, insbesondere das der Übersetzung,
des öffentlichen Vortrags sowie der Übertragung
durch Rundfunk und Fernsehen, auch einzelner Teile.
Kein Teil des Werkes darf in irgendeiner Form
(durch Fotografie, Mikrofilm oder andere Verfahren)
ohne schriftliche Genehmigung des Verlages reproduziert
oder unter Verwendung elektronischer Systeme
verarbeitet, vervielfältigt oder verbreitet werden.
Druck und Bindung: CPI – Ebner & Spiegel, Ulm
Umschlagzeichnung: Amina Handke
Umschlaggestaltung: Hermann Michels und Regina Göllner
Printed in Germany
ISBN 978-3-518-46556-1

Versuch über den
Stillen Ort

Lang lang ist es her, daß ich einen Roman des englischen Schriftstellers A. J. – »Archibald Joseph«, wenn ich mich nicht irre – Cronin gelesen habe, in einer deutschen Übersetzung, mit dem Titel »Die Sterne blicken herab«. Es war ein ziemlich dickes Buch, aber es liegt nicht an dem Autor und seiner Geschichte, die mich damals mitgenommen und begeistert hat, daß ich mich an kaum welche Einzelheiten erinnern kann. Was mir von dem Roman geblieben ist, neben den Sternen, die fortwährend herabblicken: Eine englische Bergwerksgegend und die Chronik einer darbenden Bergleutefamilie, abwechselnd mit jener von betuchten Besitzern (»wenn ich mich nicht irre«). Viel später, angesichts des Films »So grün war mein Tal«, von John Ford, gaukelten, im guten Sinn, die Bilder der Gesichter und Landschaften mir vor, daß es sich da, obwohl ich's besser wußte, nicht etwa um eine Verfilmung von Richard Llewellyns »How Green Was My Valley«, vielmehr von Cronins »The Stars Look Down« handelte. Dabei habe ich doch von dem Epos der herabblickenden Sterne eine einzige Einzelheit behalten. Aber diese geht mir bis zum heutigen Tag nach, und sie ist es auch, welche den Ausgangspunkt für mein nun fast schon lebenslanges Umkreisen und Einkreisen des Stillen Orts und der stillen Orte bildet, und mit der jetzt hier dementsprechend der Anfang des Versuchs darüber gemacht werden soll.

Jene Einzelheit erzählt, ob in meinem Gedächtnis oder in meiner Einbildung, folgendes: Einer der Helden von »Die Sterne blicken herab« – mir scheint, es sind zwei, und beide Kinder und dann Heranwachsende, aus reichem Haus der eine, aus armem der andere – hat es sich zur Gewohnheit gemacht, ohne Not die Toilette, den Abtritt, den Abort aufzusuchen. Und dazu kommt es jeweils, sowie ihm die Gesellschaft der anderen, der Erwachsenen, der Familie, über wird – zuviel wird – zur Last und zur Pein wird. Er schließt sich ein in das Klosett (»wie der Name schon sagt«), um nichts mehr zu hören von dem Gerede, und bleibt dort lang über die Zeit.

Die Geschichte, oder ist es jetzt die Nacherzählung?, will, daß es der Abkömmling der Reichen ist, welchen es zu dem Stillen Ort treibt, und daß dieser Ort weit weg liegt von all den Salons und Gemächern des Herrenhauses, und daß der Junge nichts tut, als der Stille dort zu lauschen. Und ziemlich sicher ist, daß weniger die Geschichte, der Roman, als dessen Nacherzählung nun will, daß der jugendliche Held in der Abgeschlossenheit und Nächstenferne eine Vorstellung wie auch ein Gefühl hat, welcher und welchem das Buch seinen Namen verdankt: Da dort blicken ihm die Sterne herab. Sein

Stiller Ort war ohne Dach, offen zum Himmel.

Auch für mich hier hat der Stille Ort eine Geschichte, eine in manchem verschiedene, aber mit der gerade nacherzählten vergleichbare; eine, in Anbetracht des nicht einmal »monotonen« Ortes, lebendig vielfältige. Diese Geschichte möchte ich versuchen jetzt, nicht eigens ausgeführt, nachzuziehen, parallel und kontrapunktiert mit ansatzweisen Geschichten und Bildern, welche der und jener mir hat zukommen lassen.

Es war an der Schwelle zwischen der Kindheit und dem Heranwachsendenalter, daß der Stille Ort mir etwas zu bedeuten begann über das Übliche oder Gewohnte hinaus. Wenn ich mir heute, hier am Schreibtisch weit weg von den Kindheitsgegenden wie der Kindheit, die Klosetts nach dem Zweiten Weltkrieg in Ostberlin, Niederschönhausen, dann Pankow, und später den Abort des bäuerlichen Großvaterhauses im südlichen Kärnten vergegenwärtigen möchte, kommen mir nur spärliche Bilder in den Sinn – von der Großstadt nicht ein einziges –, und außerdem, und vor allem, gibt es mich nicht in ihnen, nicht als Kind und nicht als ein Wesen; fehlt in ihnen ein Ich oder Ich selber; sind diese Bilder wesenlos.

Nichts als das Übliche: die handlich zu mehr oder weniger dicken Packen zurechtgeschnittenen Zeitungen, gelocht und an einer Schnur von einem Nagel in der Holzbretterwand hängend, mit der Variante, daß die Sprache der Schnipsel überwiegend das Slowenische war, des vom Großvater abonnierten Wochenblatts »Vestnik« (»Der Bote«). Der senkrechte Schacht vom Sitzloch hinab Richtung Misthaufen, der zu dem Viehstall unten gehörte – oder führte er nicht doch weiter zu einer Art Sickergrube? –, mit der Nuance, daß jener Schacht ungewöhnlich lang war, oder mir Kind jedenfalls so erschien, indem der Abort sich im ersten Stock des in einen Steilhang mitten im Dorf gebauten Bauernhofes befand, am Ende einer ausgedehnten hölzernen Galerie, in deren Übergang zur Scheune, Teil oder Winkel zugleich dieser wie auch der Galerie, vollkommen unauffällig, von derselben grauen Verwitterungsfarbe wie die Planken der Galerie und die Bretter der Tenne, leicht zu übersehen, kaum als eigener Ort kenntlich, nicht einmal als Verschlag, geschweige denn als »Abtritt«, zumal das mehr oder weniger landesübliche Herz in der Tür fehlte, und diese auch nicht als eine Türe kenntlich war – nichts als die zwischen Galerie und Tenne leicht vorspringende Bretterwand, in den Augen eines Ortsfremden vielleicht die Nische für die großväterlichen Zimmermannswerkzeuge. Jedoch es kam ins Haus selten ein Besucher, höchstens, einmal im Jahr, der

Bezirksvertreter der Allgemeinen Versicherung, der »Assicurazioni Generali«, und für den hätte im Fall eines Brandschadens oder Blitzschlags eine solche Räumlichkeit kaum mitgezählt. Auffällig, so oder so, wie weit weg von allem sonst, Alltag wie Fest, jener bäuerliche Abort lag; schwer vorstellbar in dem slowenischen Dorf Stara Vas, im Unterschied zu den bürgerlichen Marktflecken unten in der Ebene, ein öffentliches Notdurftverrichten wie etwa auf manchen holländischen Genrebildern aus dem 17. Jahrhundert.

Jetzt aber fällt mir an jenem Stillen Ort noch etwas Spezielles auf: das Licht in dem kleinen Verschlag, sogar zweierlei Lichter (ohne Lichtschalter natürlich, und ich weiß nicht, wie die verzweigte Familie in der Nacht dahin fand über die finstere Galerie, mit Petroleumlicht? Taschenlampe? Kerze? tastend?): das erste der Lichter oben, an Ort und Stelle sozusagen – wie es durch die Ritzen des Holzverschlags kam? nein, der Großvater war Fachmann genug, daß er beim Zimmern keinen Platz für auch nur eine Ritze gelassen hätte – das Licht drang vielmehr durch das Holz und aus dem Holz selber, wie gefiltert, punktweise auch durch die winzigen, kaum nadelöhrgroßen Durchstiche an den einstigen mehr oder weniger runden Aststellen des zu Brettern gesägten Baumstamms, die im Trocknen vielleicht stärker geschrumpft waren als der Stamm. Seltsames indirektes Licht, wie nirgends sonst im Haus; indirekt, das heißt ohne Fenster, dafür umso stofflicher; Licht, das umgab – von dem man sich in dem Stillen Ort umgeben fand – man? – ich, also doch schon damals »ich« dort?

Und das zweite der Lichter? Das beim Blick in den langen senkrechten Schacht nach unten, auf den Ausschnitt des Misthaufens gleichsam in der Tiefe. Es ist das ein Licht, welches schachtaufwärts steigt – erwartet euch bitte kein »zugleich mit dem Gestank«, keine Erinnerung an den, keine Rede davon –, nicht bis zu dem, zu »mir«, der hinunter durch das Loch äugt, sondern höchstens bis zur halben Höhe des Schachts, nein, nicht einmal, kaum eine Ellbogenlänge hoch, und sich dort unten konzentriert, ein ganz anders stofflicher Schimmer als der den Äuger oben umgebende, ein Schimmern, das wohl verstärkt wird von dem vielen Gelb des mit dem Viehmist vermengten Strohs in der Tiefe und die Innenwände des Schachts plastisch macht, indem es deren Form, den Kreis, nachzieht: lebende Geometrie, natürliche. Und warum fällt mir dazu jetzt die von meiner Mutter erzählte örtliche Anekdote wieder ein, wonach ein Kind einen Korb voll wohlgeformter glänzender Birnen dem Dorfgeistlichen aufwartet mit der Bemerkung: »Herr Pfarrer, ich soll Sie grüßen von meinen Eltern mit diesen Birnen vom Scheißhausbaum!«?

Warum und wie auch immer: Anders als der jugendliche Held in »Die Sterne blicken herab« habe ich in der Kindheit das Klosett kein einziges Mal zum Rückzug benötigt. Von damals habe ich den Stillen Ort, die Stillen Orte, wenn überhaupt, einzig als Betrachter, eben als Äuger, als eine Art Medium im Gedächtnis. Nicht einmal als still habe ich jene Örtlichkeit erlebt – weder still noch heimlich, noch sonstwie: Geräusche, gleichwelche, taten und tun nichts zur Sache. (Geschweige denn tun Gerüche, seltsam, oder auch nicht.) Äuger? Durchgangsstation? Randfigur, körperlose, unsichtbare, leer der Ort, nichts als ein Schauen, damals wie jetzt.

Erstmals als eine Zentralfigur, in Fleisch und Blut, leibhaftig, sehe ich mich an solch einem Stillen Ort dann fern von der Dorfheimat – ja, so hieß die einmal. Das war während der Jahre im Internat. Und am eindrücklichsten ist das geschehen dort gleich am Anfang, am Abend des Tags meines Eintritts (oder wie ich das nennen soll). Es war das ein Tag Anfang September in den fünfziger Jahren des zwanzigsten Jahrhunderts, es regnete stark, und es wurde früh dunkel; damals war in unseren Breiten noch keine Sommerzeit eingeführt. Vor dem ersten gemeinsamen Nachtmahl der vielleicht dreihundert Zöglinge mußten wir in dem riesigen Speisesaal – noch nie hatte ich in einem Saal gegessen, war überhaupt noch keinmal in so etwas wie einem Saal gewesen, es sei denn, im Turnsaal – allesamt aufstehen und den von dem geistlichen Präfekten vorgebeteten Segen nachsprechen.

Sehr lange war dieses Gebet, oder es kam mir bloß so vor, wohl auch deshalb, weil ich schon all die Zeit, seit der Ankunft im Internat am frühen Nachmittag, darauf aus gewesen war, meine Notdurft zu verrichten, in dem weitläufigen und verschachtelten Gebäude, einem ehemaligen Schloß, aber die Toilette(n) nicht fand, auch gar nicht suchte. Und fragen? Wie ging das dort? So standen wir Neulinge, Wildwüchslinge aus den entferntesten Landwinkeln, und standen, und beteten nach, und beteten nach, und der kalte Abendregen klatschte jenseits der verschlossenen Refektoriumstüren heftiger und heftiger auf die Kieswege draußen im Schloßhof, wo, oder täusche ich mich?, dazu noch der Schloßspringbrunnen dazwischenplätschert, und wenn wir uns niederlassen könnten, auf die Bänke an den langlangen Eßtischen. Doch nein: Stehengeblieben und weitergebetet, und als wir uns endlich setzten, flutete etwas, wie ich meinte, Unübersehbares, von all den Heranwachsenden am Tisch Beäugtes über den schönen alten von vielen Lustern bestrahlten Schloßsteinboden, mäanderte vor aller Augen von Bankbein zu Bankbein, und weiter von Tischbein zu Tischbein, klammnaß wie an den Beinen, vom »Schritt« an, die neue Hose für den neuen Lebensabschnitt, ebenso wie unten an den Füßen die, mehr oder weniger, nagelneuen Schuhe.

So bin ich sitzen geblieben bis ans Ende des Nachtmahls, starr, essend als ob, tuend als ob. Danach freilich, kaum zur Tür hinaus, bin ich auf der Stelle aus dem Massengedränge ausgeschert, weg, weit weg in den finstersten Winkel des Arkadenhofs. In der Erinnerung stehe ich, endlich!, im Lichtlosen, an einen Pfeiler gelehnt, und weiß in solcher Fremde – ich, der ich von klein auf diese wie jene Fremde gewohnt war – im Wortsinn weder aus noch ein. Weder hinaus ins Freie war denkbar, und nicht bloß wegen der versperrten Tore und des herabstürzenden Regens, noch zurück zu den andern, meinen Altersgenossen, in die Studier-, dann Schlafsäle: für immer hatte ich mich bei denen dort unmöglich gemacht.

Ein Rauschen, ein spürbar anderes als das vom Regen, ist dann vernehmbar geworden im Rücken des neuen Zöglings. Es tönte offenbar hinter einer Tür, und diese zeigte sich offen, die Tür zu der entlegensten und verstecktesten Toilette im Internat, vielleicht bestimmt für Besucher, oder die Gärtner, oder die auswärtigen Arbeiter, sonst immer abgesperrt, und an diesem Abend zufällig zugänglich. Ich habe kein Licht angeschaltet beim Eintritt, habe keinen Schalter gesucht, bin nur im Stockfinstern gestanden, umgeben von dem Rauschen, einerseits von den Pissoirs, andrerseits aus ein, zwei der Kabinen, wo die Spülung undicht war. Lange habe ich mich nicht von der Stelle gerührt. Meine Notdurft war ja, wohl oder übel, schon woanders verrichtet. Aber das dort war jetzt der Ort für eine ganz verschiedene Not, und da zu bleiben hat die, mit der Zeit, im Verlauf einer Stunde oder so, gestillt, zumindest fürs erste – für den Anfang im Internat. Erstmals war ich es, war es meine Person, um die es ging an dem Stillen Ort. Und erstmals brachte der mich zum Hören, einem für solch einen Ort, auch für später, typischen und mich bestimmenden. Was so sich hören ließ, war nicht allein das vielerlei Rauschen, innerhalb und außerhalb der gleichbleibend kalten Mauern, vielmehr das dadurch und ebenso durch das Fernsein gedämpfte Lärmen oder was auch der Mitzöglinge oben in den Etagen, welches derart nicht mehr als Lärm ankam, nicht mehr als Gegell und Gebrüll, sondern, für Momente, fast als etwas Heimeliges, fast. Das Rauschen an jenem lichtlosen Stillen Ort als der Grundton. Aber der Ton, welcher zählte, war, weitab im Hintergrund, der andere.

Das Klosett, und nicht nur dies eine in dem Gelände, bedeutete für mich während der Jahre im geistlichen Internat einen möglichen Asylort, wenn ich mich zu dem auch kaum mehr geflüchtet habe. Ich weiß nicht, warum mir das weit häufigere Aufsuchen des Beichtstuhls im Laufe der heiligen Messe jetzt als, zu einem gewissen Grade freilich bloß, etwas Vergleichbares vor die Augen kommt. Vergleichbar wie? Indem es mich, ohne daß ich dem unsichtbaren »Beichtvater« irgendwelche Sünden, und schon gar keine speziellen, zu beichten hatte – statt dessen frei nach dem Gewissenserforschungskatalog aus dem Katechismus ein paar Formeln heruntergeleiert –, indem es mich wegzog von den anderen, den Mitzöglingen in den Kirchenbänken, überhaupt der ganzen Gesellschaft, der ganzen Veranstaltung an einen Ort im Abseits, und der Beichtstuhl, das Beichthäuschen befand sich ja in der Tat abseits, gemäß der Erinnerung weit hinten im Kirchenschiff, und es war schon gut, sich dorthin auf den Weg gemacht zu haben. Freien Herzens, zumindest freieren, fast beschwingt dann in der Regel der Rückweg zu den Genossen, in die Zeremonie, jedoch nicht etwa, weil man im Dunkel des Beichtstuhls vor dem Ohrumriß des sonst unsichtbaren Beichtigers sein

Gewissen erleichtert hätte – was hieß eigentlich damals »Gewissen«?

Unvergleichbar sind diese beiden Orte, der Stille und die Sündenkabine, und darüber hinaus grundverschieden, im Hinblick auf das, was mir, so vage wie dringlich, als die Hauptsache oder der Hauptstrang für den Versuch hier vorschwebt (ja, schwebt, und weiter in der Schwebe bleiben möge), und dem auch mein Hauptaugenmerk gelten soll: Das Aufstehen in den Bankreihen, mitten unter meinesgleichen, mitten in der Meßfeier, und das Weggehen, als einzelner, hinten zum Beichthäuschen, beides das kam nie aus einem Drang, geschweige denn aus einer Not. Es geschah jedesmal rein aus Langeweile. Freilich: Auch die Langeweile kann zu einer Art Not werden, oder auswachsen, und zu was für einer. Doch solcherart Langeweile, Langeweile als Leiden, als die andere, die umgekehrte Zeitnot, habe ich damals als Heranwachsender noch nicht gekannt, oder bilde es mir jetzt so ein, oder, konzentriert auf den Versuch über den Stillen Ort hier, tue als ob.

Obwohl ich zeitweise begeistert lernte (»lernbegeistert«, das Wort gilt noch immer), kamen nicht selten Perioden, da ich wünschte, im Internatskrankenzimmer zu liegen, fern von Studiersaal und Lernpult, nicht ernstlich krank, aber doch womöglich mit ordentlich hohem Fieber, und vor allem nach dessen Schwinden noch ein paar Tage rekonvaleszent dort bleiben zu dürfen, über nichts nachdenkend und rätselnd als von morgens bis abends über die geometrischen oder sonstwelchen Figuren im anderswei-ßen und -weichen Krankenzimmerleintuch. Solche Wünsche wurden während jener Jahre kaum je wahr. Wenn einmal, ohnedies selten, Fieber, dann nie so recht hoch, und am Thermometer zu reiben, wie das ande-re anrieten, hätte bei mir nichts gefruchtet: Seit je war ich fähig zu einem guten Schwindel nur im Spiel; wenn nichts auf dem Spiel stand. Sobald es um etwas ging, um einen Gewinn, um einen Betrug, war ich ertappt worden, oft sogar als Unschuldiger – der Schwindler war in Wahrheit mein Vorder-, mein Neben-, mein Hintermann.

Einmal aber hatte ich Glück und durfte, fragt mich nicht warum, einige Tage im Krankenzimmer liegen, als einziger kranker Zögling dort, schwesterlich umsorgt von einer heiligen Nonne, von früh bis spät der Blick vom Bett aus durchs hohe große Fenster in eine grundandere Richtung und Gegend als vom Klassenzimmer mit den Luken und vom Studiersaal mit der weit weg von jedem Fenster gerückten Pultstaffel: eine Gegend, die samt Wäldern und Wiesen mit weidenden Kühen eine altvertraute und zugleich neue war, keine Internats- oder sonstwelche Grenze zwischen ihr und dem Krankenzimmer, dem eher kleinen, welch ein Gegensatz auch zu all den Sälen im einstigen Schloß, Studiersälen, Speisesälen, Schlafsälen.

Immerzu in diesem Zimmerchen bleiben. Aber eines Morgens, wie auch anders: Aufstehen, anziehen, zurück ins Leben und in die Gemeinschaft der Gesunden. Hinaus aus der Langeweile der weißen Leintücher, der wiederkäuenden oder schlafenden Rindviecher vor dem Fenster, der regelmäßigen Fichtenwipfel, einer wie der andere, als immergleichen Horizont. (Dabei habe ich mich während jener Tage im Krankenzimmer, ebenso wie viel später in wieder einem, mit irgendwelchen Elektronikdingern auf der Brust und dem Fensterblick auf einen dichtbesiedelten Friedhof, keinmal gelangweilt, und wenn etwa doch, so sagt das Gedächtnis, welches hier das Wort hat: Nein.) Kann sein, daß mir der eine oder andere meiner Kumpane, eher noch Lehrer, in der Aus- und Alleinzeit gefehlt hat. Nur zog es mich nach dem Verlassen des Krankenzimmers ganz und gar nicht in deren Richtung. Dabei hätte ich mich sofort zurückmelden sollen, zum Unterricht oben in einer der Schloßdachzimmerklassen. Statt dessen drückte ich mich kreuz und quer durch die frühvormittäglich verlassenen Korridore und Schloßhofgalerien und versteckte oder, eher, stahl mich in eine der ebenso leeren Gemeinschaftstoiletten. Die nächste Pause war noch fern, und ich hatte wieder Glück und blieb dort lange ungestört. Nur war es, nach dem geheizten Krankenzimmer, winterlich kalt in der Raumflucht oder dem Fluchtraum, und das beständige allseitige Wasserrauschen oder -brausen schien die Kälte noch zu steigern. Es fror mich immer mehr. Ob auch deshalb, weil ich nach den Fiebertagen Untertemperatur hatte? Und mein Frösteln und Zittern und Bibbern, sie waren mir nur recht. Ich würde so lange in den Toiletten bleiben, bis das Fieber, womöglich verstärkt, zurückkehrte. Ich sperrte mich ein in die Kabine, welche die nächste am halb offenen Fenster war. Da stand ich, bis nach der Schulpause, und bis zur nächsten. Noch wurde nicht nach mir gesucht, noch nicht. Nur nicht mit den Zähnen klappern. Tu dein Werk, kalter Ort, mach mich fiebern. Aber das Fieber, es stellte sich nicht wieder ein, selbst nicht am Ende des Eisvormittags.

Länger habe ich später nur noch einmal in solch einem Stillen Ort ausgeharrt. Das war in den langen freien Monaten nach dem Ende der Schulzeit. Deren letzte zwei Jahre in einer öffentlichen Lehranstalt, so gesellig verbracht wie auch gut vorbei, das Internat wie nie gewesen, nicht einmal mehr ein Hirngespinst. Die neuen Mitschüler und Mitschülerinnen waren bald eine vertraute Gruppe geworden, und ich, oder »der Ich von damals«, ein Mitglied davon, wenn nicht der Hahn im Korb, so doch für Momente der Möchtegern-Hahn, wie auch, der eine mehr, der andere weniger, die eher seltenen Buben der Klasse, welche ungewöhnlich klein war – vielleicht auch deswegen die Einheitlichkeit?

Und nun, Lehrjahre aus, waren die anderen, die Gruppe, die meine, die anderen alle, vollzählig, nur ohne mich, zu einer Reise durch Jugoslawien und Griechenland aufgebrochen. Sie hatten mich sämtlich – und das bilde ich mir jetzt nicht ein – mit dabeihaben wollen, und ich war es gewesen, welcher sich davongestohlen hatte. Davongestohlen mit Ausreden und Ausflüchten: Meine Mutter könne mir kein Geld für die Fahrt geben. (Obwohl das der Wahrheit entsprach, war es eine Ausrede.) Ich hätte, als Staatenloser, keinen Reisepaß. Das entsprach ebenso den Tatsachen, aber dem hätte, nach Versicherung der Zuständigen, abgeholfen werden können, und so, indem ich ablehnte, wie zuvor den Vorschlag einer Geldsammlung für mich, benutzte ich auch das zuletzt nur als eine Ausflucht.

Bis heute weiß ich nicht, warum etwas in mir sich dergestalt sträubte, Teil der doch nicht unlieben Gesellschaft auf jener Reise zu sein. Jedenfalls fand ich mich eines schönen Sommertages Anfang der sechziger Jahre allein in dem Heimatdorf, fern der Schule, getrennt von meinen Leuten, hektisch untätig nach der reichen Miteinanderzeit zuvor.

So bin ich dann meinerseits aufgebrochen, allein, einen prall mit Kleidungsstücken usw. gefüllten, damals üblichen Seesack über der Schulter, was mir das Aussehen eines Burschen geben sollte, der sehr lange unterwegs sein würde.

Weit bin ich freilich nicht gekommen, und lange unterwegs gewesen schon gar nicht. Zwar ging der Weg westwärts, aber auch in der Richtung ist das Kärntner Land eher kurz, und ich gelangte über seine Westgrenzen nicht hinaus. Am ersten Tag immerhin Villach, in Westernmeilen gezählt etwa fünfzig Meilen weg von zu Hause, erreicht, weiß nicht mehr wie, und dort übernachtet, weiß nicht mehr wo. Am zweiten Tag schaffte ich es schon weniger weit – nur bis zum Marktort Radenthein nah am Millstätter See, wo ich die Familie eines Schulfreundes heimsuchte und dort im Haus, mitsamt dem dicken Schlafsack, übernachtete, weiß nicht, ob in einem Bett, auf einem Sofa, oder wo, oder wie.

Dafür weiß ich, wo ich die dritte Nacht verbracht habe, und insbesondere, wie. Das war in der Kleinstadt Spittal an der Drau, ein kurzer Weg nur von Radenthein und noch kürzer vom Millstätter See: Inzwischen nennt sich die Stadt ja auch nicht mehr nach dem Fluß, sondern nach dem See: »S. am M.see«.

Die Nacht verbracht – »Übernachtung« wäre nicht das Wort – habe ich in der Toilette des Zugbahnhofs alldort. Das Geld

war mir ausgegangen, oder reichte jedenfalls nicht mehr für eine Herberge, auch
nicht für eine Jugendherberge, welche es in
der Stadt Spittal damals, auch heute?, gar
nicht gab. Dafür wurden die Bahnhöfe ab
einer bestimmten Nachtstunde nicht ge-
schlossen, und so konnte ich mich bis Mitternacht, und vielleicht länger, in dem Gebäude, samt Areal, herumtreiben.

Es war eine Zeitlang noch fast warm, es war
ja Sommer. Nur daß, damals zumindest, die
Sommernächte in der Regel bald abkühlten;
eine durchweg laue Nacht: im Gedächtnis
eine große Seltenheit, etwas ganz Beson-
deres – man wollte dann um keinen Preis
hinein ins Haus, vielmehr weiter draußen
sitzen bleiben, zusammen, ja, mit den anderen, still, auch die vereinzelten Worte
hier und Naturlaute dort Teil der Stille, und
auch wenn kein Geißblattduft durch so eine
Sommernacht strich, nichts als der leich-
te Nachtwind, so galt der doch gleich viel

wie das Südstaaten-und-Mississippi-Geiß-
blatt in den Büchern William Faulkners.

Am und im Bahnhof von Spittal a. d. Drau
wurde das nicht so eine Sommernacht.
Lang vor Mitternacht zog es im Freien an,
und die Kälte breitete sich bald auch im In-
nern des wie nach sämtlichen Seiten offenen Gebäudes aus. Zuerst bin ich noch den
weiteren Umkreis draußen abgegangen, an
den Eisenbahnergärten entlang und hinab in die Flußauen, wo das Bahnhofslicht
nicht mehr durchdrang, später den engeren
Kreis, einen immer engeren.

Episodisch war es noch ein Zeitvertreib,
der mir sozusagen einheizte und von der
Müdigkeit ablenkte, auf den verschiedenen
Bahnsteigen den Zügen zuzuschauen, vor
allem den Fernzügen, nach Athen, Belgrad,
Sofia, Bukarest, nach München, Köln, Ko-
penhagen, Ostende – die hielten im übrigen
alle. Es fuhren dann aber immer weniger,

und ab einem bestimmten Moment nahm die Müdigkeit überhand. Sie wurde so bedrängend, daß ich nicht mehr aus noch ein wußte. Oder dann doch: Ich schloß mich ein in eine der Kabinen der Bahnhofstoilette, welche sich, wenn auch abseits, irgendwo im Inneren der Anlage befand.

Die Tür war zu öffnen mit einer Schilling-Münze, und als ich sie absperrte, spürte ich erst einmal eine gewisse Geborgenheit oder Aufgehobenheit. Ich habe mich umstandslos auf den gekachelten Boden gelegt, den Seesack als Nackenpolster. Die Kabine war freilich so klein, daß an ein Ausstrecken nicht zu denken war, und deshalb habe ich mich, den Kopf an der Hinterwand, in einer Art Halbkreis um die Klosettmuschel geringelt. Das Licht in der eher weitläufigen Bedürfnisanstalt, ziemlich hell, weiß, blieb die ganze Nacht an und kam nur leicht gedämpft in die nach oben und, für etwa eine Kinderfußbreit, auch nach unten offene

Kabine. Zugedeckt mit ein paar Anzieh-
sachen aus dem Seesack, versuchte ich zu
lesen, Thomas Manns »Buddenbrooks«, die
mich am Vortag in Radenthein, nach langem eher Befremdetwerden, unversehens
mit sich genommen und beschwingt hatten,
als es gegen Ende ans Sterben ging und der
Todgeweihte darüber geradezu luftig ins
Sinnen geriet.

Aber an ein Weiterlesen, gekrümmt im
Halbkreis um die weiße Abortkachel, war
nicht zu denken. Auch kam die Müdigkeit,
nach der ersten Aufregung, sich an solch einem Schlafplatz zu befinden, umso wuch-
tiger zurück. (Noch jetzt, heute, im Aufschreiben, macht sie mir Kopf und Augen
schwer, und ich muß mit dem Drang kämp-
fen, mich auf der Stelle schlafen zu legen,
so wie damals, als meine einzige Vorstellung
die eines Bettes war.)

Die Augen sind mir dort zugefallen. Nur kam ein Schlafen in dem WC nicht in Frage. Obwohl ich die Eintrittsgebühr entrichtet hatte, empfand ich mich, mit der Dauer der Nacht immer stärker, als jemand Illegalen. Ich hatte kein Recht, auf dem Boden der Bahnhofstoilette zu liegen, geschweige denn, da zu schlafen. Und trotzdem sperrte ich nicht auf und trat hinaus ins Freie. Es gab keinen anderen Ort für mich, nachtlang, als den da. Das war jetzt mein Ort, samt dem Schemen meines Gesichts in der Muschelkachel, welcher ich bis nach dem ersten Morgengrauen zugewendet lag, samt dem Schmieröl, oder was es war, rund um die Schrauben, mit denen der Kachelsockel im Boden befestigt war, samt den Härchen, oder dem Flaum, oder dem Mulch, oder was es war, rund um die Ringe des Schmieröls, samt den schlafenden Fliegen – »ah, Schlaf!« – oder Spinnen, oder Weberknechten, oder was sie waren, an den Kabinenwänden.

In meiner Lage als Illegaler hörte ich, so anders als bisher, die Geräusche der Außenwelt, wie sie bei mir in meinem Stillen Ort ankamen, statt entrückt oder gar gegenstandslos, vielmehr haut- oder trommelfellnah. Zum einen war solch ein Hören vielleicht ganz normal, da jene Nachtstunden vor allem die der Güterzüge waren, welche jeweils ohne Halt als eiserne Wilde Jagd über die Gleisfelder schossen. Zum andern schlug dem unrechtmäßig da Liegenden auch das ferne Rufen der Eulen in den Flußauen in den zunehmend langen Perioden der Lautlosigkeit als ein »Da ist er – da liegt er – fangt ihn – faßt ihn – haltet ihn!«-Schrei an das Ohr. Sogar das sommerliche Grillenzirpkonzert in den Eisenbahnergärten (so kalt konnte die Nacht also gar nicht gewesen sein) scheuchte ihn aus dem Beinah-Schlaf, indem es plötzlich im Gehörgang losschrillte oder trillerte; und ebenfalls die allerleiseste Böe von einem der Bahnhofsbäume. Von einem Stillen Ort konnte während jener immer wieder doch vollkommen stillen Nachtstunden keine Rede sein.

Trotzdem zog es mich an keinen andern Ort. Mit der Zeit wünschte ich mich auch nicht mehr weg in ein Bett. Ich wollte um jeden Preis die Nacht lang, bis zum ersten Tageslicht – das freilich zu Julibeginn sehr früh spürbar wurde –, im Halb- oder Fastkreis um die Emailmuschel der Bahnhofstoilette liegenbleiben, wobei mir jetzt einfällt, daß der landweit bekannten Sage nach, wenn die Wilde Jagd nachts auf Töten aus durch die Lüfte braust, die Bedrohten unten auf der Erde Schutz fänden, indem sie sich hinlegten und einer mit dem andern ein Wagenrad bildete. Was aber, wenn man allein war? Ich bildete allein ein Rad, fast, aber schon das gab dann allmählich, eine wenngleich eher schwache, Zuflucht.

Um nichts in der Welt hätte ich auch tauschen mögen mit der Gruppe der anderen, wie sie, während ich hier gekrümmt auf dem harten Steinboden lag, zugleich irgendwo unter dem südlichen Himmel in ihren Schlafsäcken steckten, die eine und der andere sich im Schlafen oder Wachliegen an den Händen oder sonstwo haltend. Natürlich hätten vielleicht auch sie etwas zu erzählen, aber das wäre nicht zu vergleichen mit dem, was ich hier zu erzählen hatte, nicht am nächsten Tag, nicht im nächsten Jahr – dazu war das Begebnis für sich und fürs erste zu kümmerlich –, und niemand Bestimmtem oder Nahstehendem: So einer hätte mich angesehen, sich meine Person oder Gestalt um die Klosettmuschel gewikkelt vorgestellt und den Kopf geschüttelt.

Jahre später erst kam der Moment, da ich, nicht mündlich, vielmehr im Aufschreiben, jene Nacht teilweise weitererzählen konnte, verwandelt, eine Verwandlung, die nicht gedacht war, sondern wie von selber geschah, eben im Aufschreiben.

In meiner ersten längeren Erzählung, gegen Ende der Studienjahre, als ich schon gar kein rechter Student mehr war, liegt in der Vorstellung des Blinden, welcher die Geschichte erzählt, sein bis ans Ende vergebens erwarteter Bruder auf dem Heimweg aus dem Krieg zum Erzählerhaus nächtens, wenn ich recht erinnere, samt seinem Seesack in ebensolch einer Bahnhofstoilette, vor Augen nichts als das Spiegelweiß des Klosettsockels.

Und zwanzig Jahre später verbringt Filip Kobal, der oder das Ich der Geschichte »Die Wiederholung«, aufgebrochen am Ende der Schulzeit allein, während alle anderen Mitschüler unterwegs nach Delphi und Epidauros sind, ebenso die erste Nacht mit seinem Seesack auf dem Boden. Nur ist dieser Boden nicht mehr der einer öffentlichen Toilette, es handelt sich um eine Nische in dem werweißwieviele Meilen langen Eisenbahntunnel von Rosenbach, Kärnten, nach Jesenice, Jugoslawien, und es soll eine abenteuerliche Nacht sein, im stockfinsteren Tunnel, mit von Zeit zu Zeit in Spannweite an dem in seine Nische gekrümmten »Ich« vorbeistampedierenden Güterwaggons. Tags darauf macht der Filip Kobal sich auf die epische, jahreszeitlange Wanderung durch das Land Slowenien, damals noch Teil von Jugoslawien, auf der Suche, wieder vergeblich, nach seinem im Krieg verschollenen Bruder, wobei ihm über die Verschiedenheiten der Landschaften und der Sprache ganz andere Augen aufgehen – während »ich« seinerzeit nach der Nacht in der Bahnhofstoilette von Spittal an der Drau gerade noch ein bißchen durch die Umgebung geirrt bin und dann: nichts wie heim, zurück ins Dorf. Slowenien, Jugoslawien, samt Jesenice, habe ich erst viel später betreten, und noch weit später dann erst den Karst, ohne den es nie eine »Wiederholung« gegeben hätte.

Während der Studienjahre verlor das Klosett als Asylort an Bedeutung. An seine Stelle traten zunehmend andere Örtlichkeiten, Bauten, Stätten. Und die brauchte ich auch gar nicht mehr leibhaftig aufzusuchen. Es genügte in der Regel, des »Bedarfsgegenstandes« bloß so gewahr zu werden. Das konnte ein Werkzeugschuppen irgendwo sein, eine Straßenbahnremise, ein über Nacht leerstehender Bus, ein wenn auch halb eingestürzter unterirdischer Bunker aus werweißwelchem Krieg. Ebensogut taten es Räume, welche für sich im Grunde gar keine rechten waren: Der bloße Anblick des leeren Platzes unter einer Rampe, der Laderampe einer Molkerei, einer Spedition oder sonst einer Rampe, konnte etwas wie einen möglichen Unterschlupf oder ein Rückzugsgebiet verheißen, und episodisch zu Pyramiden zusammengestellte Reklame- oder Wahlplakatwände waren, wenn nicht grade Behausungen, so doch denkbare Aufenthaltsorte, wo es in der Vorstellung trokken und warm war, jedenfalls wärmer und heimeliger als draußen im Freien.

Manchmal kamen solche Augenblicke von Ver- und Geborgenheit allein schon vom Blick zu Boden, hinein in die Straßenbahnschienen, angesichts des Sands und des Laubs dort. Das wurde dann ein stiller Ort, auch wenn zugleich die Glocke der Tram schrillte und die Tramräder in der nahen Kurve schrammten wie keine noch so dicke Kreide auf einer Schiefertafel. In diese stille, bis auf den Sand und das Laub leere Schiene fand man sich hinein- und weggedacht (so ein »man« einmal am Platz), ohne sich eigens in ein welkes, eingerolltes Blatt verkriechen zu wollen, wie ein Ich das möchte in einem Gedicht von Hermann Lenz.

Merkwürdig auch, daß immer wieder die bloße Vorstellung eines der stillen Orte in der Dorfkindheit für den Ort selber stand, ja, daß die Erinnerung an ihn in der

Raum- und Zeitenferne ihn sogar ungleich wirksamer in Erscheinung treten ließ, als das damals dort der Fall gewesen war. Solche Heimkehr- oder Einkehr- oder Abbiegestätten wurden jetzt, zum Beispiel, die, im übrigen mehr und mehr unbenutzten, ländlichen Viehwaagen, in den Boden, die Erde oder den Asphalt, ziemlich gleich auf gleich eingelassene, bewegliche Holzplankenflächen, mit Platz für den längsten der Stiere und die breiteste aller Kühe, die Waagemechanismen in der Höhlung unter den Planken, von wo das jeweilige Viehgewicht wohl zifferngerecht übertragen wurde in das Waagehäuschen gleich hinter dem Waageplatz: dieser, wenn man als Kind und auch später sich daraufstellte und ruckelte, ruckelte, beweglich wie er war, mit einem mit, und ab einem gewissen Moment konnte man still auf den Planken stehen, und diese übernahmen für eine Zeitlang das Ruckeln, welches eine Art von Schaukeln und Geschaukeltwerden war.

Und es versteht sich, daß während der städtischen Studienjahre die schon lange vorher als still erlebten Orte wie die Milchstände am Rand der Landstraßen, die Heuschober und Heuharfen auf den Wiesen, und insbesondere die klitzekleinen hölzernen Feldhütten inmitten der Äcker aus der Ferne noch ungleich verstärkt die, wie es schien, von Zeit zu Zeit immer notwendigere Stille herstrahlten.

Es war kein Heimweh. Es zog einen nicht dahin. Die Milchstände, selbst wenn sie längst außer Dienst waren, vermoderten und zusammen- oder auseinanderfielen, die Heuschober, selbst wenn das Heu, das vorvorvorjährige inzwischen, in ihnen verschimmelte und verfaulte, die Feldhüttchen, selbst wenn die letzten der Mostkrüge drinnen längst im Winterfrost zu Scherben gefallen und für die zu Stein gewordenen Brotrinden und zu Leder gewordenen Speckschwarten keine Feldmaus mehr auf die Sprünge käme: Alle jene stillen Orte waren ja da, hier in und bei mir und insbesondere um mich herum, auch wenn, mag sein, nicht ganz so habhaft, betastbar und »ruchbar« wie früher, vielleicht umso weniger anfällig für die geltenden Zeitumstände – umso widerstandsfähiger, und den Widerstand auch leistender.

Noch merkwürdiger, daß man, ohne Vorsatz oder gar Plan, die stillen Orte allein aus sich selber heraus schaffen konnte, von Fall zu Fall, inmitten eines Tumults (gerade im Tumult), inmitten von dem zeitweise noch ungleich stärker geisttötenden Gerede. Solche Orte bauten sich auf und schirmten einen ab, indem man während der und der Vorlesung die großen und sogar weniger großen Texte, ja, der Literatur las. Einmal geschah Derartiges, nicht durch Gelesenes, sondern durch die pure Erinnerung daran, sogar in der Mensa, welche, überbevölkert bis in die Abendstunden hinein, oft der mir einzig zugängliche Aufenthaltsort war.

Eines Abends erschien dort, weit weg von mir in meiner Ecke, im Fernseher, am Ende der Nachrichten, von denen bei dem ständigen Lärm und Getöse im Saal nichts oder kaum etwas zu hören war, gar seltsam auf dem Bildschirm, überaus fremd und nobel, das Gesicht William Faulkners, und ich weiß nicht, warum mir in meinem Sitzwinkel auf der Stelle klar war, daß der Schriftsteller, mir, seinem Leser, alle die Jahre eine Art Vater, an dem heutigen Tag gestorben war. Eine gewaltige, eine schmerzhaft-sanfte Stille breitete sich in mir und um mich herum aus, und diese begleitete mich auch, als ich dann – es war wohl im Juli 1962? – nachts mit dem Fahrrad zu meiner Unterkunft am Stadtrand fuhr, eine Stille, welche sich ausdehnte über die ganze Stadt.

Die stillen Orte kraft des Lesens (womit, selbstverständlich oder auch nicht, kaum das sogenannte Lesen am Stillen Ort gemeint ist): fast eine Binsenweisheit. Merkwürdig dagegen wieder, und vielleicht am allermerkwürdigsten, daß ein stiller Ort, jenseits von Buch und Kindheitsbehausungen, sogar aus bloßen Körperwendungen sich umreißen ließ, ungeplant wiederum, unbeabsichtigt. Das konnte auch ein Innehalten schaffen, ein Umkehren, ein Rückwärtsgehen, ein bloßes Atemanhalten. Am verläßlichsten, oder kommt mir das nur jetzt, im Aufschreiben wieder, so in den Sinn?, war jene Bewegung, die ich mir damals abgeschaut habe aus der Lektüre von Thomas Wolfes »Schau heimwärts, Engel!«, wo Ben, der ältere und schon jung altersweise Bruder des Helden, sooft er Gerede, Streit, Unsinn, Krieg usw. der Familie oder sonstwessen wieder einmal über hat, den Kopf über die Schulter zurück in einen leeren Winkel des Hauses oder sonstwohin wendet und zu seinem »Engel« dort sagt: »Nun hör dir das an!« Noch heute folge ich in ähnlichen Situationen dem Beispiel Bens, indem ich über die Schulter wegblicke, dorthin, wo nichts ist, nur daß ich den Engelsatz im stillen ausspreche und der Unfug, den der Engel in seinem stillen Ort sich anhören soll, in der Regel von mir selbst stammt.

Es ist jetzt der Moment, klarzustellen: Die so oder so stillen Orte haben mir nicht allein als Zuflucht, Asyl, Verstecke, Rückzugsgebiete, Abschirmungen, Einsiedeleien gedient. Zwar waren sie das zum Teil, von Anfang an. Aber sie waren, ebenfalls von Anfang an, zugleich etwas Grundanderes, auch mehr; viel mehr. Besonders dieses Grundandere, dieses viel Mehr hat mich ja bewegt zu dem Versuch hier, über es im Aufschreiben ein wenig, naturgemäß bruchstückhafte Klarheit zu schaffen.

Merk- oder denkwürdig noch: daß, in jener Zeit zumindest, die gleichsam offiziell oder anerkannt stillen Orte, was mich anging, ihren Namen kaum verdienten. Zwar zog es mich, gerade in der Studienzeit, immer wieder in die leeren Kirchen und Friedhöfe der Stadt. Aber von den lärmabgeschirmtesten Gotteshäusern ging, sagt die Erinnerung, nie auch bloß ein kleiner Licht- oder Wärmeschub aus; höchstens, im Glücksfall, ein liebes Gefunzel und eine flüchtige, begütigende Schwade abseits, aus den Sakristeien, zwischen deren abgesperrten Gittern durch. Fast eine Befreiung, dann wieder durch den Krach der Straßen draußen zu stromern.

Alle die fremden Friedhöfe, fremder noch bei den geschmückten Gräbern zu Allerheiligen und Allerseelen: Allerseelen regte sich und winkte und wehte heran eher bei dem Blick über die Schulter ins Leere, bei der Vorstellung der unter den Sohlen im Horizontalen pendelnden Brückenwaage, bei dem Bild der zugigen Feldhütte mit dem verrotteten Schaft von einem Gummistiefel des Großvaters oder wessen auch immer im Winkel.

Der erste Friedhof, der mich als ein Stiller Ort umgab, und was für einer, wurde das durch die Friedhofstoilette mittendrin, viel später, in Japan. Ja, zurück von den stillen Orten zu den Stillen Orten, die sich schreiben mit einem Großbuchstaben. Im Lauf jetzt der Notiertage ist mir im übrigen aufgegangen, daß während der Studienjahre, anders als oben behauptet, doch zumindest ein Stiller Ort in der Stadt Graz seinem Namen sozusagen gerecht wurde. Das war nicht eine der öffentlichen Bedürfnisanstalten, ob die beim Hauptplatz oder die vom Hauptbahnhof, welche mir eher unangenehm in Erinnerung sind, wohl auch wegen der Homosexuellen, oder was sie halt waren, die davor herumstrichen oder reglos, höchstens dann und wann mit einem Blick über die Schulter, nicht dem des Ben in »Schau heimwärts, Engel!« (aber wer weiß?), Minuten um Minuten und vielleicht sogar stundenlang, vor den Pissoirs verharrten.

Es war das die Toilette im Trakt der für mich zuständigen Fakultät. Sogar zweimal wurde die mir während der vier Jahre dort zum Stillen Ort. Immer war das am Abend, wenn die Hörsäle und die Korridore schon leer waren. In meiner Einbildung unwillkommen in der Unterkunft am Stadtrand, einer Kammer in einer kleinen Villa, aber auch von mir aus unlustig, schon am Vorabend dort in der Enge und Kälte herumzuhocken, hatte ich mir angewöhnt, wenn ich die Mensa und das Straßenbahnfahren kreuz und quer, zu sämtlichen Endstationen und zurück, satt hatte und auch kein Film recht war, im Universitätsgebäude zu bleiben so lang wie nur möglich. Ob ich in den zum Teil noch offenen Hörsälen studierte oder las: Ich weiß es nicht mehr – mir kommt jetzt vor, ich bin in dem Halbdunkel dort einfach nur dagesessen. Was ich dagegen weiß: Von Fall zu Fall hab ich die helle und großräumige Toilettenanlage, welche mir als jedesmal warm und freundlich im Gedächtnis ist, betreten, um mir an einem der Waschbecken dort, im Abstand zu den Kabinen, die Haare zu waschen. (Das Badezimmer in der Villa war oft abgesperrt, und überhaupt ...) Ich beeilte mich jeweils, denn es konnte ja doch noch jemand, ein anderer Student, in der Etage sein und mich mitsamt meinen triefnassen Haaren im Toilettenraum überraschen, unangenehm mehr noch für ihn.

Eines Abends bin ich tatsächlich dort bei meiner Haarwäsche überrascht worden, nicht von einem Studenten, sondern von einem der Professoren. Dieser war im Jahr zuvor einer meiner öffentlichen Prüfer gewesen, und ich hatte ihm dabei ein-, zweimal, meines Lernstoffs gewiß und auch davon durchdrungen, widersprochen (wobei ich jetzt noch das Volksgemurmel des Auditoriums hinter mir, über derartige Frechheiten einem Oberen gegenüber, im Ohr habe). Der Professor hatte sich kaum etwas anmerken lassen, war nur auf Distanz gegangen, schon vorher, während des Jahrs im Hörsaal, kühl, und obwohl unten stehend im Amphitheater, wie von oben herab, jetzt im Weiterprüfen aber die Kühle und Autorität in Person, und hatte in der Folgezeit, trotz der Fast-Innigkeit und Inständigkeit, mit der wir beide da aneinandergeraten waren, womöglich noch hoheitlicher über mich hinweggeschaut. Seitdem sah ich ihn als einen Feind und fühlte mich, gerade als eigens Unbeachteter, von meinem Lehrmeister verfolgt.

Dieser, als er an dem Abend damals, wahrscheinlich aus seinem Arbeits- und Büroraum gegenüber gekommen, die Toilette betrat, tat zunächst, als gäbe es mich nicht, mich mitsamt dem Kopf im Waschbecken voll mit Wasser, von welchem auch der Boden rundherum naß war. Er wusch sich die Hände, nicht an dem Hahn unmittelbar neben dem meinen, aber auch nicht an dem entferntesten in der Reihe – im Abstand, dabei doch eher nah. Ziemlich lang wusch sich mein Professor die Hände, Finger um Finger, während ich mir, mit dem eigens in der Studiertasche mitgeführten Tuch, die Haare trocknete. Kein Wort fiel, kein Blick wurde gewechselt. Unversehens wusch er sich dann auch das Gesicht, zuerst nur so mit den Fingerspitzen, danach, unvermittelt, tief über das Waschbecken gebeugt, aus dem hohlen Handteller, beide Hände zusammengefügt, wieder und wieder Stirn und Wangen mit dem Wasser buchstäblich überschüttend, wie einer nach einem Marsch oder Ritt durch Prärien und Wüsten in einem Western. Darauf kämmte er sich, wieder lange, lange, die angefeuchteten Haare, samt der Brillantine an den, wie

sonst, angegrauten Schläfen, und wechsel-
te die Krawatte vor dem Toilettenspiegel:
statt der dunklen Vorlesungs- und Kanz-
leikrawatte aus Seide eine hellgeblümte, aus
Krepp, die er aus der Portemonnaie-Tasche
seines Anzugs fingerte. Und schließlich
schnitt er sich noch mit einer Miniatur-
schere die Härchen aus Ohren und Na-
senlöchern, zupfte sich mit einer Pinzette
die Brauen, die auffällig schwarzen, dicken.
Und weg war er, zur Frau, welche ihn ins
Tanzcafé »Thalia« bestellt hatte und gerade
auf dem Parkplatz davor im Autospiegel
sich die Nase puderte und sich den Lip-
penstift von den Zähnen leckte, weg ohne
Blick oder Gruß.

Auch späterhin blickte er, im Hörsaal oder
sonstwo, weiter über mich hinweg, aber
jetzt war zwischen uns beiden klar, das war
ein Spiel geworden, unseres. Er war nicht
mehr mein Feind. Wir hatten, seit der Epi-
sode im Waschraum, ein gemeinsames klei-

nes Geheimnis, und ich bin sicher, würden wir einander heute, nach fast einem halben Jahrhundert, begegnen, wir kämen auf der Stelle, erstmalig, ins Gespräch, ins Erzählen – nicht über das Studium und die Zeiten, sondern über die Augenblicke, die unvorherzusehenden, überraschenden, miteinander an jenem Stillen Ort.

Das andere Mal, das hier zählt, bin ich zum Haarewaschen in den Stillen Ort der Fakultät, so steht es mir jedenfalls im Gedächtnis, noch später am Abend gegangen. Es war schon tiefe Nacht, und ich im Glauben, es sei niemand mehr sonst in dem Gebäude: offen ins Freie nur der mehr oder weniger geheime bewährte Ausschlupf. Beim Aufstoßen der Tür zu den Wasch- und Toilettenräumen waren dort die überhellen Lichter angeknipst – oder damals noch »aufgedreht«? –, und an meinem gewohnten Waschbecken hatte jemand den Kopf in das Wasser gesteckt und wusch sich seinerseits die Haare. Bei meinem Eintritt schielte er mich von unten herauf an und grüßte, Unbekannter, der er war, freundlich, so wie wenn nichts wäre.

Den Mann kannte ich nicht; er war mir nie begegnet, nicht in der Universität, nicht in dem Warenhaus, wo ich vor den Festen manchmal in der Versandabteilung mitarbeitete, noch sonstwo. Und doch war der Fremde mir gar nicht fremd, oder fremd auf eine Weise, welche fast wieder Vertrautheit ausstrahlte. Nein, nicht Vertrautheit, vielmehr eine Art Schrecken. Obwohl der Mann sich zur Kopfwäsche das Hemd ausgezogen hatte, was dort nie meine Sache gewesen war, und zudem vom Alter mein Vater oder sonstwer hätte sein können, sah ich, und zwar gleich auf den ersten Blick, mich selber am Becken stehen. Ich war in der Waschzelle auf meinen Doppelgänger gestoßen, welchen ich seit der frühen Kindheit irgendwo hinter den Horizonten gewußt hatte und der mir eines Tages über den Weg laufen würde, oder ich ihm.

Unerwartet, und in der Vorstellung schon ziemlich verblaßt, ließ er sich sehen mitten in der Nacht, in einem grellen Licht, vorgebeugt, lange nasse Haarsträhnen überm Gesicht, mit abgestreiften Hosenträgern, die ihm in die Kniekehlen baumelten. Und wie ich sonst hatte er zum Abtrocknen ein Handtuch dabei, ein großkariertes (anders als meines).

Mir nichts, dir nichts habe auch ich mit der Haarwäsche begonnen, zwei, drei Becken von ihm entfernt. So wortlos wie selbstverständlich machten wir, einer neben dem andern, unsere Toilette, er sich dann rasierend, mit Pinsel und Schaum, ich, beim eigens langwierigen Ribbeln und Rubbeln, meinen Doppelgänger von der Seite betrachtend, nicht verstohlen, sondern offen, zugleich nachdenklich und versunken, weiterhin so selbstverständlich, wie mir das noch nie beim Anschauen eines anderen Menschen, höchstens vielleicht eines Schläfers, eines Neugeborenen oder eines Toten, zugestoßen war. Der dort war ich also. Und so wie er würde ich einmal sein?

Und wer war ich? Gar nicht so einzelgängerisch und außenseiterisch, wie ich mich immer wieder geglaubt hatte. Ein bißchen sonderbar, ja, aber es gab Sonderbarere. Und wer war ich noch? Mitglied einer Expedition, oder, nein, einer, der für sich allein auf Expedition gewesen und gerade von der, nach schön mühseligem Sichdurchschlagen, zum Sichauffrischen in die Zivilisation hier jetzt zurückgekehrt war, vorläufig, vor der bevorstehenden nächsten Ein-Mann-Unternehmung. Und wer noch? Auf den ersten Blick offenbar jemand Gestörter, welcher auf den zweiten Blick schon ums Kennen normaler und, wenn's drauf ankam, der einzig Normale unter tausend wurde, während die, auf den ersten Blick, neunhundertneunundneunzig anderen sich zuletzt als durch und durch verrückt zeigten.

Und wer war ich noch? (Als könnte ich über mich angesichts meines Doppelgängers auf einmal nicht genug erfahren – von mir nicht genug bekommen.) Laßt mich noch jemand sein, noch jemanden spielen, einen Pionier, einen Deserteur, einen Fußballschiedsrichter oder wenigstens den Linienrichter.

Und wie war ich, in Anbetracht meines Doppelgängers dort in dem weißen Neonlicht der Toilette? – Nicht besonders. Gar nicht so übel. Vielleicht nicht so ganz mit dem gewissen Etwas, aber auch nicht ganz ohne. Von einem Weltstar weit entfernt, aber wenn ein Trottel, so doch einer aus dem Dorf, und nicht ein Provinz- oder Stadttrottel. Und wie war ich noch? Und wie noch? Und wie noch? – Na, so was.

Ja, da schau her. Da schaust du, wie? Schau, schau. Ja, schau nur. Schau!

Fast zwei Jahrzehnte sind dann vergangen, bevor mir, in der japanischen Friedhofstoilette Anfang der achtziger Jahre, wieder ein Stiller Ort untergekommen ist, so einer zumindest, wie ich ihn mir und/oder sonstwem erzählen möchte.

In der Zwischenzeit floß in und aus den Toiletten Blut – Filmblut; wurde ein Bekannter, nicht im Film, auf einem Abtritt, dessen Tür er in seiner Not nicht mehr aufbekam, vom Schlag getroffen; erbrach sich ein anderer, in einem anderen Land, in einen altertümlich tiefen Abortschacht, kippte da hinein und blieb zu seinem Glück, da er breite Schultern hatte (und hat), darin stecken, kopfüber, nachtlang, fast erstickt; gellt mir selber bis heute die Stimme einer alten Toilettenfrau in einer Straßenbahnendstation in den Ohren, als ich mir dort, zum ersten – und der Stimme wie auch dessentwegen, was sie sagte – wie zum (bisher) letzten Mal im Leben von einer mit wieder einem Bekannten geleerten Flasche Whiskey bis in die Haarwurzeln und Augäpfel überquellend betrunken, den Schädel unters wintereisige Wasser hielt, die Stimme, welche mir dann beim In-die-Nacht-Torkeln nachschrie: »O Graus, wie häßlich der ist!«

Wenn der Versuch über den Stillen Ort hier, die Erzählung davon, ein Film wäre, so wäre die Sequenz jener Jahrzehnte ohne die rechten Stillen Orte rhythmisiert von Blicken durch noch und noch Zugtoilettenlöcher hinab auf noch und noch Schienenstränge, die einander überkreuzten, und in Flugzeug-Klosetts, mit dem Blick dort, bis auf die jähen aquamarinen oder sonstwie-Schwälle, eher nirgendswohin.

Wie bin ich darauf gekommen, daß der Stille Ort in Japan sich auf einem Friedhof befand? Heute, vor dem Ans-Schreiben-Gehen, habe ich, eher zufällig, weil das Buch unversehens dalag, wieder einmal Tanizakis »Lob des Schattens« (oder »des Dämmerlichts«) zur Hand genommen und bin auf der Stelle auf seine Schilderung japanischer Tempelaborte gestoßen, gepriesen da wegen ihrer Architektur und wegen der Stille dort, wo »der Geist im wahrsten Sinn des Wortes Ruhe findet«, von Tanizaki noch über die Teehäuser gestellt. Als ich das las, habe ich mich erinnert, daß jene Toilette nicht zu einem Friedhof gehörte, sondern Teil eines Tempelbezirks war. Der Tempel selber ist mir kaum im Gedächtnis, außer einer Schar von Spatzen hoch oben in dem Holzschindeldach der Pagode, die kleinen Vögel ebenso grau wie die Schindeln und von diesen nur zu unterscheiden, weil sie sich regten, plusterten und in den Schindelritzen miteinander Verstecken spielten. Und

mir kommt jetzt vor, das habe ich wahrge-
nommen einzig dank der Zeit vorher in der
Tempeltoilette.

Jener Tempel stand in Nara, der ehemaligen
Residenz der japanischen Kaiser. Ich war
schon vor zwei, drei Wochen in das Land
gekommen und, nach ein paar Tagen in
Tōkyō, viel unterwegs gewesen. Eigentlich war das mehr ein Umherirren. Zwar
war mir das immer wieder recht, aber das
ständige Irren und Verirren führte manchmal zu einer Ortlosigkeit, nah an Verwir-
rung und allmählich sogar Zerrissenheit.
Selbst als ich, taglang kreuz und quer durch
Kyōto in noch und noch falsche Richtun-
gen gegangen, letztendlich in dem Garten
des Ryoanshi-Tempels ankam, fragte ich
mich angesichts der schon von tausend Bildern bekannten Kiesfläche mit den sporadischen Steinblöcken, bei denen man sich
die Inseln im Japanischen Meer vorstellen
sollte, und den in Wellenlinien gerechten

Kies als das Meer – oder was auch immer, oder gar nichts –: »Was soll ich bloß hier?«, und das gleiche fragte ich mich, als ich in Kamakura nach langem Hin- und Hergehetze doch noch im Friedhof dort vor der Grabstele für Yasuhirō Ozu stand, dessen Filme mich durchschauert hatten mit Ruhe und mit Stille, und das in Gedanken heute noch tun: »Was soll ich da?« Und auch das Zeichen »mu« auf Ozus Grab – es heiße etwa »Nichts« –, um welches beim Lesen oder Photobetrachten daheim in Europa eine Art Hof geleuchtet hatte: leibhaftig dort in Kamakura vor mir: wirklich bloß nichts, noch weniger als nichts.

Erst an jenem Morgen, beim Betreten der Tempeltoilette in Nara, wurde Japan mir heimisch; kam ich dort auf der Insel an; nahm das Land, das ganze, mich auf. Tanizaki hebt bei seinem Lob der japanischen Tempelaborte die Wände mit der feinen Holzfaserung und vor allem die Schiebetür hervor, deren hölzernes Gitter, mit hellem luftdurchlässigem Papier überklebt, von draußen nur einen matten Widerschein hereinlasse: Es wäre gelogen, wenn ich sagte, daß mir diese Einzelheiten jetzt vor Augen stehen. Ich weiß bloß, daß dort das von Tanizaki beschworene Dämmerlicht herrschte und daß gerade dieses mich auf der Stelle, indem es mich, zarter und zugleich stofflicher nicht möglich, umspann und bewillkommnete, nach all den Wochen des Umherirrens zurück in das Dasein, die Hiesigkeit, das Leben, zauberte, als dessen Gast. (Dabei war es schon draußen selber, in der Stadt Nara, und nicht erst im Tempelgarten, ein dämmriger, geradezu düsterer Morgen gewesen. Das bloße Licht in der abgelegenen Kabine konnte es also nicht sein.)

Ankunfts-, Aufgenommenseins-, Hiesigkeitsgefühl? Der Stille Ort von Nara war auch einer der Befreiung. Keine bloße Zuflucht war das, kein Asyl, kein Ab-Ort. Es war, in jener Morgenstunde, ein Ort wie nur je einer, wie noch keiner vielleicht, der Ort »Ort«. Ich wurde, wie sagte man doch einmal, unbändig in ihm, erfüllt von belebend unbestimmter Energie. Der Ort hat mich begeistert. Ja, an dem Stillen Ort dort wirkte ein »Geist«, welcher, frei nach Tanizaki, für »Ruhe« sorgte, zugleich einem Beine machte, einen auf die Sprünge brachte – ein Geist der Unruhe, der Unbändigkeit, einer dahergezauberten, der Unverwundbarkeit. Wieder nach Tanizaki sei es der einzige Nachteil, »falls man unbedingt einen solchen nennen will«, derartiger Tempelaborte, daß sie gar fern von dem Hauptgebäude stehen, was »besonders im Winter Erkältungsgefahr in sich birgt«: Aber mir war, auch eine sibirische Kälte hätte mir dort nichts anhaben können, und wäre das Holzhaus samt »feiner Maserung« von einem Moment zum andern in Flammen gestanden, mit mir mittendrin, ich hätte ohne ein einziges versengtes Haar das Freie erreicht – süße Illusion? Und ob es zu solchem Geist der Unverwundbarkeit gehört, daß Tanizaki Jun'ichirō meint, es gebe keinen geeigneteren Ort, »das Zirpen der Insekten, den Gesang der Vögel, eine Mondnacht, überhaupt die vergängliche Schönheit der Dinge zu allen vier Jahreszeiten auf sich wirken zu lassen«, und vermutlich seien die alten Haiku-Dichter an solcherart Stillem Ort »auf zahllose Motive gestoßen«?

Wie auch immer: Seit dem Morgen in der Tempelgartentoilette von Nara – über zwanzig Jahre ist das nun her – begleitet mich der Stille Ort, über das Ding und den Platz hinaus, als Idee. Mit anderen Worten: Er ist seitdem ein Vorwurf, oder, ins Altgriechische rückübersetzt, ein Problem, ein reizvolles – in seiner ersten Bedeutung ein »Vorgebirge«, etwas zu Umfahrendes, zu Umkurvendes, wobei das Schiff, oder das Boot, oder der Nachen in diesem Fall die

Sprache ist, die des umkreisenden oder umreißenden Erzählens.

Und es trifft auch zu, daß in erster Linie das Dämmerlicht dort mich motiviert hat. (Nicht der »Schatten«, es schien ja keine Sonne, und es gab keine künstliche Beleuchtung.) Es war, als bestehe der kleine Raum aus nichts sonst als Düsternis, einer ebenso klaren wie stofflichen. Es war diese klare schimmernde Düsternis, die mich schon seit jeher im Innersten aufgerührt hatte; aufgerührt, etwas zu unternehmen. Was? Nichts Bestimmtes oder Gezieltes, einfach tätig zu werden, aufzubrechen werweißwohin, werweißwieweit, oder an Ort und Stelle zu bleiben und stante pede etwas zu machen. Was? Etwas Schönes; etwas Erstaunliches; etwas, das zu der Stofflichkeit wie auch Innigkeit solchen Düsterlichts die Entsprechung wäre. Und in dem winzigen Stillen Ort von Nara traf mich solcherart Licht geballt zur Essenz.

Erst einmal war es, als käme der Blick durch alle die Eisenbahntoiletten hinunter, während der Kreuz- und Querjahre zuvor, auf die nach hinten wegrasenden Schienen, Gleisschwellen, schwärzlichen Kiesel unvermittelt zur Ruhe, und mit dem Stillstand verwandelten sich die Sachen unter mir: anstelle der Gleise undsoweiter nichts als der lehmgelbrote Erdboden, von welchem ein unvergleichlicher Schimmer ausging.

In der Folge dieser Düsternis fiel mir dann ein – nein, fällt mir jetzt ein –, daß ich den Flugzeugtoiletten vorher ein Unrecht angetan habe: Denn einmal war eine jener Toiletten oben mit, sage und schreibe, einem Fensterchen ausgestattet, und durch dieses konnte ich über mir, zu Häupten, den Mond und sogar ein paar Sterne herabblikken sehen, ein Bild, zu welchem ich dort in der Kabine über eine geraume Strecke des Flugs mit der kleinsten der Iljuschin-Verkehrsflugzeuge aufschauen konnte, zumal ich von Moskau nach Ostberlin (damals), wieder sage und schreibe, der einzige Passagier gewesen bin: Staunen folgte derart auf Staunen.

Allein dem Stillen Ort von Nara verdanke ich es, daß ich Japan zuletzt doch erlebt habe und heute sagen kann: »Ich bin einmal im Fernen Osten gewesen.« Das machte wohl auch, bereits mit dem ersten Schritt über die Schwelle, die ich mir jetzt aus hellem, astreichen Kiefernholz vorstelle, das sofortige Abfallen der Sorge, welche mich in den Reisewochen zuvor geradezu zermartert hatte. Der konzentrierte Dämmerschimmer verwandelte mich flugs in jemand Sorglosen. Und ich spürte, die Sorglosigkeit wäre nicht beschränkt auf die Momente in der Tempeltoilette, sie hätte, fürs erste jedenfalls, Dauer, eine gewisse.

Was für ein Leichtsinn mir dazu beschert wurde! Ah, Sorglosigkeit und Leichtsinn, schöner. Und es widersprach dem nicht, daß ich dem Ort, der mich solch leichten Sinnes werden ließ, zugleich etwas versprechen wollte. Der Tempeltoilette etwas geloben, nur was? Daß ich, begegnete ich der Frau meines Lebens – von welcher ich, vor lauter Sorgenfreiheit und Leichtsinnigkeit, gewiß war, es gebe sie irgendwo –, mit ihr die Hochzeitsreise (derartige Phantasien geisterten also damals noch) hierher nach Nara unternehmen würde.

Und jetzt leibhaftig der lehmrotgelbe Erdboden, gesehen durch ein Astloch im Plankenboden des Aborts. Aber warum ist der Boden so weit weg, warum kommt sein Schimmer von so tief unter mir, aus solch einer Tiefe? Weil es nicht die Lehmerde unter dem Stillen Ort von Nara ist, sondern jene andere irgendwo in Japan erblickte, zwar wieder durch so ein Kiefernastloch, aber von einer Galerie, einer hölzernen, außen oben in der ersten Etage eines

Ryokan, eines Gasthauses, einer Herberge, sagen wir, in Mitsushima (= Kiefernstadt), am Nordmeer, wo ich Wochen später, immer noch halbwegs sorglos, tagelang geblieben bin, immer wieder bäuchlings dort auf dem Balkon liegend und durch ein bestimmtes Astloch hinab auf den Lehm äugend, im Visier Steinchen, Sandkörner, Kiefernnadeln, eine Bierflaschenkapsel, sie alle in der Optik umrandet von einem Schimmer; und zugleich, ja, zugleich, liege ich, jetzt, vor, sagen wir, sechs Jahrzehnten, ebenso kopfunter auf der Galerie des Großvateranwesens – die lange Galerie, die von den Wohnräumen abseits zum Abort geführt hat – und starre, oder stiere, durch die Bretterritzen in den Hühnerhof hinab, auf den Beton, wo keinerlei Schimmer aufsteigt, dafür aber, gelb in gelb, die dort ausgestreuten Maiskörner leuchten und von Zeit zu Zeit ein andersgelber Schnabel zwischen die Körner fährt, daß die auseinanderstieben; dazu das Tack-Tack-Tack auf dem Beton. Keine Menschenseele zu hören weit und breit; verlassener Hof, verlassene Zimmer, Hofbesen nicht einmal mehr als Stummel.

Was ich mich während des Aufschreibens hier insgeheim manchmal gefragt habe, frage ich mich jetzt schriftlich: War mein Aufsuchen der Stillen Orte, im Lauf des Lebens gleichsam weltweit, immer wieder auch ohne spezielle Notwendigkeit, vielleicht ein Ausdruck, wenn nicht von Gesellschaftsflucht, so doch von Gesellschaftswiderwillen, von Geselligkeitsüberdruß? Indem ich inmitten der anderen abrupt aufstand und von ihnen wegging, möglichst um mehrere Ecken und über neunmalneununddreißig Stufen: ein asozialer – ein antisozialer Akt? Ja, das war, und ist, zeitweise unabstreitbar der Fall. Aber selbst da traf das in der Regel nur für die ersten Momente zu, das wortlos brüske Aufstehen und Sichentfernen. Schon während der Passage, möglichst mit

Umwegen, hin, zugleich: »Nichts wie hin!«, zu dem Stillen Ort, konnte das anders werden; konnte sich die Eindeutigkeit in eine Mehrdeutigkeit verwandeln. Und es stimmte auch, daß das Verriegeln der Toilettentür in eins ging mit einem großen Aufatmen: »Endlich allein!«

Doch wie kam es dann andererseits, daß die Stille des Ortes zwar eine Wohltat war, sie aber stärker noch wirkte, sooft sie begleitet wurde von den Geräuschen der Außenwelt, dem Wind, einem Fluß vor dem Fenster, vorbeifahrenden Zügen, Fernlastern, Straßenbahnen, sogar Polizei- oder Ambulanzwagensirenen? Und am stärksten vielleicht wirksam wurde grundiert aus der Distanz von den Geräuschen der Gesellschaft und überhaupt des Raums, aus welchem ich gerade auf und davon gegangen war? Fast jedesmal – nicht immer – wurden dort an den fernen Stillen Orten der Lärm, das Gelächter, das Stimmengewirr, wie das durch die

Mauern, Wände und Türen herüberdrang, zu etwas wenn nicht gerade Klangvollem, so doch in den Ohren mich Anheimelndem, und es zog mich – nicht immer – nach einer gewissen Zeit, welche ich zugleich regelmäßig überzog und auszukosten versuchte, von dem jeweiligen Stillen Ort, und dank und kraft seiner, zu den anderen, zu meinen Leuten, auch wenn die gar nicht die meinen waren, zu dem Lärmen, dem Krach, dem, gebe Gott, unendlichen Getöse der Räume zurück.

Selbst jene gewisse Zeit an den Stillen Orten, welche ich »überzog« – im Fußballspiel hat man das »Zeitschinden« genannt –, habe ich im Lauf der nachjapanischen Jahre und Jahrzehnte benutzt zu »Gesellschaftsstudien«. Damit meine ich nicht die Abortinschriften, -zeichnungen, und dergleichen. Die habe ich zwar dann und wann gelesen, wie auch nicht?, und zur Kenntnis genommen. Sie jedoch zu betrachten und mich in sie zu vertiefen, das war und ist nicht meine Sache. Dennoch bin ich an den Stillen Orten – nicht etwa den privaten, mit allen den mehr oder weniger launigen Flapsereien und Sperenzchen dort, vielmehr den öffentlichen und halböffentlichen – immer neu ins Anschauen, Betrachten, und zu guter Letzt Sinnieren, Phantasieren und Imaginieren gekommen.

In Frankreich, dem Land, wo ich nun schon lange lebe, ist das Rauchen in öffentlichen Gebäuden, in den Cafés und den Bars, seit mehreren Jahren untersagt. Auf diese Weise gehört manches, was sich dort in den Toiletten, den alten, denen von früher, aus der Raucherepoche, zum Beispiel betrachten läßt, gleichsam ins Blickfeld der Archäologie. An bestimmten Stellen, oben auf dem einst reinweißen Email der Spülkästen, auf der ebenfalls ursprünglich vielleicht weißen blechernen Deckklappe, oder wie die heißt, für die Papierrolle haben die Benutzer und

Raucher in den Café- und Barklosetts ihre brennenden Zigaretten abgelegt, und die Glut hat auf den Unterlagen eine Art Muster hinterlassen. Jedenfalls begegnen mir, sowie ich auf solche Orte von früher, aus der Zeit vor dem Rauchverbot, stoße – sie werden im übrigen immer seltener –, die Brandflecken als ein Muster, in welches ich mich jedesmal pflichtgemäß, in meiner Rolle als Gesellschaftswesen, nach Kräften vertiefe.

Jene Muster erscheinen mir von Stillem Ort zu Stillem Ort ziemlich verschieden. Es liegt mir fern, sie zu deuten. In der Natur draußen bin ich immer wieder versucht, Spuren zu lesen, von Tieren wie von Menschen, und das erscheint mir selbstverständlich. Auch die Aschenglutstellen in den Toiletten sehe ich als Spuren, einmal epische, einmal dramatische, nur daß ich nichts aus ihnen herauslese, weder, wie manchmal in einem Wald- oder Flußuferschlamm, die Spuren von Verirrten, Spuren eines Kampfes, noch die Spur eines Menschen, der unversehens nicht mehr weiter weiß, die Spur eines, ob Mensch oder Tier, der mit oder gegen sich selber kämpft. Die Glutspuren auf den Wasserkästen und Blechklappen, ob vereinzelt oder geballt, ob nur kurz angedeutet oder ins Blickfeld deutlich eingebrannt, mit schwärzlichen Schmauchhöfen wollen nicht gelesen werden. Sie wecken statt dessen meine Phantasie, welche dabei unbestimmt bleibt, ohne auch nur den Ansatz zu einer Geschichte – unbestimmt und frei, Muster für eine andere Geschichte; und wenn die Betrachtung der Muster etwas imaginiert, so keinerlei Bilder von dem, was da an den Stillen Orten einmal wirklich geschah: es ziehen vielmehr, indem ich diese episch-dramatischen Muster erforsche, andere und wieder andere Bilder, mögliche, an meinem, wie es früher hieß, inneren Auge vorbei, ebenso epische und gleichermaßen dramatische. Seltsamer Forscher, ich. Seltsames Gemeinschaftswesen. Aber war das nicht von Anfang an so?

Zu solch einem Gesellschaftswesen, in der Vorstellung zum Nutzen und im Dienste einer Allgemeinheit, nicht wahr, wurde ich auch, indem ich mich, kaum die Tür zum Stillen Ort hinter mir verschlossen, in einen Raumvermesser verwandelte. In fast allen Toiletten entdeckte ich auf der Stelle ein System von Formen, und zwar von geometrischen, ein System, für das ich draußen vor der Tür keine Augen gehabt hatte. Einmal drinnen, nahm ich wahr mit dem Auge des Entdeckers. Jedes der Dinge da zeigte zugleich seine geometrische Gestalt, Kreis, Oval, Zylinder, Kegel, Ellipse, Pyramide, Pyramidenstumpf, Kegelstumpf, Rechteck, Tangente, Segment, Trapez. Der Stille Ort selber war ein geometrischer Ort und wollte als ein solcher erfaßt und weitergegeben werden. Und ich, der den ermaß, war dessen Geometer und sollte als solcher tunlichst seinen Dienst ausüben. Wenn der nicht von Gemeinnutz war, was sonst, oder? Aber Schluß jetzt mit der Ironie; nicht zum ersten Mal erkenne ich, daß die, zumindest im Schriftlichen, nicht meine Sache ist.

Im Ernst: Das Ortsgeschehen da sprang in die Augen, nicht bloß als der geometrische Ort der Klosettbrille, des Sockels, des Wasserbehälters, der Druckknöpfe, der Rohre, des Waschbeckens, des Wasserhahns undsoweiter, sondern darüber hinaus all der noch ganz anders nützlichen, lebensnotwendigen, gemeindienlichen und segensreichen kubischen Formen außerhalb dieses *petit coin*, des kleinen Winkels, außerhalb dieses *mustarâch* (arab.), des Ortes der Ruhe, auf der großen Kugel, welche früher einmal »Erdkreis« geheißen hatte. »Aeï ho theós geometreï«: Diese griechische Inschrift im Giebeldreieck eines alten Hauses geht mir beständig nach, und so übersetze ich sie auch für mich: »Der Gott, beständig geometert er« (= vermißt er die Erde). Oder auch, für den, der den »Gott« und ebenso das Fremd-Wort aus dem Spiel haben möchte, und sogar das »beständig«: Es gestaltet sich.

Ja, die Stillen Orte, in ihrer konzentrierten Geometrie, sind es, in meinen Augen, neben anderen, wo es sich gestaltet, und meßbarer als an den meisten übrigen, den stillen Kämmerchen, den Einsiedlerhöhlen in den Wüsten, den Schweige-Klausuren, den Elektronen- oder Neutronen-sonstwas-Beschußbunkern, heutzutage zumindest, und, neben ihrer naturgemäßen Gemeinnützigkeit, von noch ganz anderem Gemeinnutz, einem anderen auch als das Silicon- oder sonstwie-Valley. – Und da habt ihr das Gemeinnutzsiegel für den Geometer der Stillen Orte, beurkundet hiermit von ihm höchstselber!? (Das Rufzeichen, gefolgt von einem Fragezeichen, so daß diese Geschichte weitergehen, und anders weitergehen und anders enden kann.)

Nicht wenige Bücher habe ich gelesen, viele Photos habe ich betrachtet als Vorarbeit für diesen Versuch über den Stillen Ort. Aber kaum etwas davon hat in diesem seinen Platz gefunden. Die historischen und ethnologischen Abhandlungen zu dem, wie sagt man, Bedeutungswandel der Notdurftverrichtungen – von mehr öffentlich zu mehr abseits, und umgekehrt, von Ungeniertheit zu Scham, von Scham zu Gesellschaftsspiel, und das von Land zu Land, von Volk zu Volk, Zeit zu Zeit wechselnd –, die geben etwas zu lesen. Aber es war ja etwas Grundanderes, was mich lange vorher auf die Spur gebracht hatte, und die historischen, völkerkundlichen, soziologischen Lektüren haben diese Spur eher zu verwischen gedroht.

Ebenso haben die Photos in den Bildbänden zu den »Toiletten der Welt« (samt Weltraum, siehe die Astronautenaborte), so erheiternd, staunenerregend, oft auch bekümmernd sie wirkten (siehe die Elendsviertel-, Kerker-, auch Todeszellen-Abtritte), der Phantasie, zumindest in meinem Fall hier, kaum Beine gemacht. Ach ja, die hölzernen Toiletten, die ein Indianerstamm in Panama oder wo hinaus in den Ozean baut, auf Stegen zu erreichen und von den schwimmenden Touristen nicht als »Kloaken« zu erkennen: Photo von solch einer ahnungslosen Schwimmerhand unten, mit Blick von oben hinab durch das Fäkalloch. Und ach, die Farbphotos von den vorhanglosen Betonquadernischen, für Jungen wie für Mädchen gleich, im afrikanischen Sambesiland, in Namibia, und sonstwo. Und, ah, immerzu in Afrika, jene Kabine scheint's fern von jeder Zivilisation sonst, dafür aber mit Ausblick auf eine der größten und schönsten Wanderdünen des Erdkreises, samt Gold-

glanz des Sands im Morgen- oder Abend-
licht. Und, oh, zu guter Letzt vielleicht noch
die Photos aus Neuseeland, welche fast Lust
machen, allein um des Stillen Ortes willen
dorthin zu reisen: die Toilettenanlage, welche der Maler und Architekt Friedensreich
Hundertwasser für eine kleine Stadt dort
geschaffen hat in tausendundeiner Farbe
und, wie es auch sonst seine Manier oder
sein Bestreben war, jedem irgendwie rechten Winkel ausweichend – wenn aber Manier, so nicht, jedenfalls den Bildern nach
zu schließen, hier, bei diesem Sozialwerk,
angesichts dessen man dem Erbauer für
manch nicht gar gute Meinung zu seinen
anderen früheren Sozialbauwerken in aller
Welt Abbitte leisten möchte. Widerspreche
ich mir da nicht, nach meinen Bemerkun-
gen zur Geometrie? Und wenn. Der Ent-
wurf zu der Bedürfnisanstalt in Neuseeland
ist im übrigen Hundertwassers letzte Arbeit
vor seinem Tod gewesen.

Einmal auf der Spur, habe ich von fast jedem Stillen Ort, auf welchen ich in der weiten und der engeren Welt gestoßen bin, mit einer Einwegkamera, Photos gemacht (die mir jetzt nichtssagend vorkommen). Es waren seltsame Orte darunter, pittoreske, mondäne, versnobte, rudimentäre, erbärmliche, weltverlassene. Es gab welche, die die oberste Etage von Wolkenkratzern oder Fernsehtürmen einnahmen und deren Panoramafenster den Blick über den Central Park bis hin zur Freiheitsstatue, über die Copacabana mit der Erlöserstatue bis zu den letzten Wellblech-Favelas boten, oder von der einen Herberge in Alaska auf einen gerade kalbenden Gletscher, von einer anderen, durch das Mückengitter, hinaus auf den mittsommernächtlichen Yukon River, über den nachtlang die Schwalben flitzten und wo der ganze Strom immer wieder unter den sich langsam und auf einmal viel schneller, wie zuschnappend, drehenden hölzernen indianischen Fischfangriesenrädern zu erdröhnen oder zu wummern schien. Von manchen Balkantoiletten beziehungsweise -abtritten hier eher zu schweigen, wenn auch nicht aus dem Grund, daß keine einzige von ihnen der Aufnahme in die Anthologie von den »Toiletten der Welt« für würdig befunden wurde – nur eins: Seltsam, daß mich dort all die Spinnweben, die Weberknechte und Fliegen, samt dem Strohbesen als Bürstenersatz, und dergleichen nie gestört haben, im Gegenteil.

Am allerseltsamsten jene Stillen Orte, die als luxuriöse gedacht sind, weit weit weg vom Welttreiben und den Alltagsweltgeräuschen, in der Regel in einem weitläufigen, gar labyrinthischen Souterrain, eine oder zwei Etagen unterhalb der Restaurant-, Konferenz- oder sonstwelcher Gesellschaftsräume. Man schreitet von einer Tür zur andern, begleitet von einer Art Sphärenmusik, und ist noch immer nicht dort, wohin man schon die längste Zeit unterwegs ist, und auch, wenn man endlich ankommt, ist das ein Nirgendwo, nicht einmal ein fernes Echo der Gesellschaft und der vertrauten Grundrisse, wo man doch gerade noch mitten im Tagesgeschehen gewesen ist.

Jene katakombenhaften Stillen Orte, sie gemahnen mich an die Raumfluchten, wie sie mir zeitlebens, in Abständen, im Traum unterkommen, ja, unterkommen: Unter dem Haus oder der Wohnung, wo ich tatsächlich, leibhaftig, tagaus und tagein, lebe, tun sich in diesen Träumen vollkommen stille, dabei hell ausgeleuchtete, luxuriös eingerichtete Suiten auf, eine nach der andern, und eine größer und prächtiger als die andere, und eine wie die andere menschenleer, allein für mich da als deren Wohn- und Hausherrn, auf welchen die palastartigen Raumfluchten schon seit einer halben Ewigkeit gewartet haben, auf daß ich sie endlich benutze und sie mir Frucht tragen.

Aber die Stillen Orte, die ich meine und von denen ich hier vordringlich erzählen wollte, sind ganz unabhängig von besonderer Lage und sonstwelcher äußerer Besonderheit oder Sonderbarkeit. Das, worum es mir zu tun ist, konnte sich jeweils genauso, oder vielleicht eher noch, an den sonst unscheinbaren, auch serienmäßigen Stillen Orten ereignen, von denen einzig das Ereignis mir im Gedächtnis geblieben ist, ohne eine Einzelheit der Örtlichkeit, geschweige denn deren Geometrie, und ich bin versucht, »Ideal Standard« – nicht die Warenmarke, sondern das Wort – auf mein Problem zu übertragen.

Kleines Beispiel: Beim Verlassen solch einer gesichtslosen Toilette bin ich einmal, zwischen Tür und Angel, in einem anderen Land, auf einen gestoßen, der »mein Leser« war, einer aus wieder einem anderen Land, welcher sich, Ort hin oder her, über die Begegnung herzlich zu freuen schien, und ich mit ihm und, eingedenk des Ortes, dann umso mehr.

Erst vor ein paar Wochen saß ich, in Cascais, am portugiesischen Atlantik, auf einer Bank an einem Parkweg, der zu den öffentlichen Toiletten dort führte, studienhalber, wenn man so will, aber eher bloß, um Ort und Umgebung auf mich einwirken zu lassen. Mit der Zeit kam dann, wohl auch durch mein Zuschauen, in die sporadisch Kommenden und Gehenden ein Zug, wie ich ihn auf den Straßen und sonstwo schon lange nicht mehr erlebt und den ich herzlich vermißt hatte. Denn ich, als der und der, oder der, der und wie ich halt bin, brauche solch einen Zug von Menschen, einen Menschenzug, und es soll keine Blasphemie sein, wenn mir jetzt beim Aufschreiben in den Sinn kommt, daß ein vergleichbares Dahinziehen sich in meinen Augen sonstwo zuletzt höchstens ereignete beim Kommuniongang des Kirchenvolkes während der heiligen Messe, hin zum Empfang des Leibs des Herrn, und zurück, ein jeder in seine Bank oder wohin. Ja, das war dort, hin zu dem Stillen Ort von Cascais, und zurück, solch ein Zug, und er kam weder aus Not oder gar dann einer Erleichterung, und auch nicht aus meinem Zuschauertum. Denn als ich am Ende von der Bank aufstand und mich in die Kommenden und Gehenden einreihte, wurde ich, für Momente, die aber nicht nichts waren, Teil des Zugs zum und vom Stillen Ort, der sehr Alten und der Schulschwänzer, der Krüppel und der Siechen, der Einheimischen und der Fremden, der Witwen und der Hungerleider, der Hausfrauen samt Haarnetz und der Tagediebe samt Haarfett. Und anders als bei der Kommunion war das ein Zug, wo die Kommenden die Gehenden grüßten, so oder so, ausdrücklich oder still, allein mit den Augen, ohne Hintergedanken für die paar Momente – und wenn: da waren die, anders als in der Kirche, am Platz, und recht. Ein freundlicher kleiner Zug von uns seltsamen Vögeln ist das gewesen, ist das, ist es.

»Studienhalber« habe ich auch ein paar andere befragt zum Stillen Ort, nein, nicht befragt, sondern mein Problem bloß so angesprochen. Was sie darauf erzählten, in Andeutungen, ich fragte nie nach, bekräftigte, was mir vorschwebte. Die Stirn in der Fremde und Verlassenheit an die Kachelwand einer Toilette gelehnt. Den Ort in der Schulzeit zum Rauchen aufgesucht, aber insgeheim eher, weil man von dort aus hin zum Fenster sah, wo die erste Liebe lebte. Durch noch so ein Fenster im unliebsamen Großelternhaus, als Waise oder Halbwaise, stundenlang auf ein Hotel namens »Zur Sonne« geschaut, bis zur Ankunft der Gäste dort, als Silhouetten in den fernen Zimmern. Und auffällig jetzt, daß alle diese fragmentarischen Erzählungen von Stillen Orten in der Längstvergangenheit spielten, und weniger in der Kindheit als in der Jugend, der Heranwachsendenzeit. Von später dann, jedenfalls bei den Gefragten, kein Mucks. Höchstens, daß einer von seiner alten Mutter erzählte, die, sooft sie sich in der Natur draußen hinhockte, dafür jedesmal eine besonders schöne Stelle, möglichst mit Aussicht, aussuchte. Nicht nur ein stiller Ort sollte es sein, sondern auch ein lieblicher. Aber das ist eine andere Geschichte.

Zeit des Aufschreibens hat mir ein Bild zugesetzt, ein ganz und gar gegenläufiges zu dem, was ich mit dem Versuch über den Stillen Ort zu umreißen im Sinn hatte, und das Bild handelt von jenem kleinen Mädchen, welches im Frühjahr neunzehnhundertneunundneunzig, während des westeuropäischen Bombenkriegs gegen die Bundesrepublik Jugoslawien, spätabends die Toilette des Mietshauses in der Stadt Batajnica nordwestlich von Belgrad aufsuchte und dort – sämtliche Haus- und Stadtbewohner, in der fraglichen Nacht zumindest, heil – von einem Bombensplitter, quer durch die Klosettwand, getötet worden ist.

Und noch ein anderes Bild, gegenläufig oder auch nicht, hat mich beim Niederschreiben beschäftigt: Ein Mann betritt irrtümlich, irgendwo in einem riesigen Kongreßhaus, eine entsprechende Frauentoilette und trifft dort auf eine schöne Unbekannte – oder ist es umgekehrt die Frau, die sich in eine Männertoilette verirrt? Jedenfalls kommt es dort nicht etwa zum Sex (oder wie das nennen?), sondern aus der Begegnung der zwei an dem Stillen Ort entwickelt sich, langsam und mit vielen Hindernissen, die große Liebe. Aber das ist ein Bild aus einem Film, einem Film, der in der Zukunft spielt, einer sonst düsteren, wenn nicht aussichtslosen.

An den Versuch über den Stillen Ort habe ich mich in einer ziemlich menschenleeren Gegend in Frankreich gemacht, irgendwo zwischen der Île-de-France, mit Paris inmitten, und der Normandie, in einem Zwischenbereich, fast gleich weit entfernt von der Metropole und dem Meer. Das Aufschreiben fiel in die Periode, von der es heißt, sie sei die dunkelste des Jahres, von der zweiten Woche im Dezember bis zum einunddreißigsten Dezember zweitausendundelf, was bedeutet: heute. Vor und nach dem Tun bin ich tagaus tagein durch die entlaubten Wälder, die abgeernteten meilenweiten Felder – das Land war einst die Kornkammer für den Königshof – und diejenigen der Landstraßen gestreift, welche kaum befahren waren. Wahr: Es wurde immer bald dunkel, und selbst tagsüber waren die welligen Weiten durchwirkt von einem tiefdüsteren Licht. Aber sooft, wenn auch nur für eine Stunde, die Sonne schien, konnte ich mir kaum ein herzhafteres Schimmern vorstellen als dieses fast horizontal einfallende Dezemberlicht, kein umfassenderes, belebenderes Grünen und Blauen, kein innigeres Glänzen als jenes der Grasmittelstreifen auf den Feldwegen. »Ein bißchen Sonne«, wie die Wetterprognosen im »Parisien«, der einzig zugänglichen Tageszeitung, das grämlich ausdrückten, das gab es nicht: Ein jeder Moment Sonne war viel. Und daß von früh bis spät nichts als Wolken den »Horizont« bildeten, dafür wurden die Landbewohner von dem Hauptstadtjournal bedauert.

Der chronische Regen, welcher ihr jedesmal folgte, verwandelte Wege wie Äcker und Weideland zwar in Schlammflächen, aber mit Gummistiefeln schnurstracks durch die kniehohen Lachen zu waten, oder querfeldein zu schlendern, das war immer wieder ein ganz eigenes Vergnügen, selbst in der Finsternis, wo es vom Weg – wenn's einer war – höchstens eine unregelmäßige Pfützenreihe zu ahnen gab. Zum ersten Mal seit der Kühe-Weidezeit der Kindheit stapfte man in solchen Stiefeln und war versucht, ihnen ein Loblied anzustimmen.

Besonders heftig regnete es in den Nächten dann zwischen den Jahren, welche früher »Rauhnächte« geheißen haben. Und dazu noch einmal »Stiefel«: Beim Klatschen des Wassers rund um das abgelegene Haus war es, als ob der Regen stiefelte: Zuerst tapste er, dann schritt er aus, und zuletzt stiefelte er, nachtlang. Es schneite nicht, und für dieses eine Mal fehlte der Schnee mir nicht.

Beim Durchstreifen des weiten grünenden Landes – gerade in dem düsteren Abglanz kamen die Farben, und mit ihnen die Formen, besonders klar zum Vorschein – war es, als bildete ich für mich allein ein Fußvolk. Menschen sind mir in den paar Wochen kaum begegnet, wenn man von den Jägern absieht, immer zumindest zu dritt, in Gelbreflexwamsen wie Ordner oder Offizielle auf den umgepflügten braunschwarzen Schollen gruppiert, die Büchsen im Anschlag. Aber das waren keine Begegnungen, und das ständige Knallen und Ballern im Umkreis der Wälder hatte nichts von Willkommensgrüßen.

In den sporadischen Dörfern, weitab ein jedes vom andern, war kaum jemand im Freien anzutreffen. Beim Blick durch ein Fenster einmal dort eine Greisin, reglos auf ihr Gehgestell gestützt. In der einen zu Fuß zu erreichenden Dorfbar als einziger Gast sonst der ehemalige Fernfahrer, dem der Wirt für die Behausung, allein dort, ein TV-Gerät anriet, mit der Antwort, er sei sein ganzes Leben hinter dem Lenkrad gesessen, »et je vais pas me mettre maintenant dans un fauteuil devant la télévision«.

Kaum Leute bekam ich in der Aufschreibzeit zu Gesicht, dafür oder statt dessen nicht wenige andere Wesen. Unversehens so einmal ein tausendjähriger Kirchturm aus der Wildnis ragend und unwillkürlich den Arm gehoben ihm zum Gruß.

Die Lerchen über dem Brachland bildeten, während sie eher piepsend als trillernd oder trällernd senkrecht, Ruck um Ruck, himmelwärts flatterten, Stufenleitern im Luftraum, indes die Schwärme der Spatzen, aus den Ackerfurchen aufstiebend, quer durch die Lüfte Trapezakte vollführten. Der Fasan, der vor dem Haus auf und ab scharwenzelte, als sei er, zumal mit den langen farbenprächtigen wippenden Schwanzfedern, der zuständige Haushahn. Die Wildschweinfamilie, die, nachdem sie wieder einen Jagdtag überlebt hatte, in der Nacht vielstimmig grunzte im Unterholz gleich neben der Landstraße, wo kein Jäger sie vermutete, sich vielrückig aus dem Fastdunkel buckelte und, nein, nicht grunzte, sondern tuschelte, tuschelte und sich buckelte. Die Eulen, die am hellichten Tag aus ihrem Schlupfloch in den ehemaligen Kalksteinbrüchen hier flogen, lautlos wie nur eine Eule, mit einem Stupsgesicht, kalkweiß das Federkleid, genau wie der Kalkstein, an welchem sie vorbeischwebten. Die Eulen, andere, dann in den Nächten, mit ihren nachtlangen Eintonrufen, ein Lasso, dem die Schlinge fehlte (und auch wieder nicht), woraus gegen Morgen, wie als Antwort auf das Krähen der ersten Hähne, ein Zwei- oder gar ein Dreitonrufen wurde, als ein Antiphon, ein Gegenrufen zu den Hähnen, wobei die Eulen nicht selten das letzte Wort bekamen. Dazu dann das Hennengackern, das Rindermuhen, das Eselstöhnen oder -stummsein, das Fasanengieksen, das Rabenbrüllen oder -schweigen, und als der Grundton das Wildtaubenrufen, welches das der Kuckucke vorwegnahm wie auch das Falkengellen im Vorfrühling. Heilloses Durcheinander? Heilsames, für lange Momente. Der Igel, eines Morgens, nachdem ich kurz zum Bleistiftspitzen ins Freie getreten war, bei der Rückkehr in dem ebenerdigen Schreibzimmer unter dem Tisch hockend – und dort arbeitstaglang verharrend, ab und zu die Stacheln sträubend und sich einigelnd, die meiste Zeit aber freiheraus die lange Nase – oder den Rüssel? – zeigend. Auch ihn so unwillkürlich gegrüßt, worauf er die runden Ohren spitzte und schwarzäugelte. In einer besonders dunklen Nacht, beim Gehen querfeldein über das Brachland, auf einmal, mehr gefühlt als gesehen, zwei Riesen-Eulen, paarweise zu Häupten kreisend, oder waren, oder wurden, es mehr und mehr?, völlig lautlos wieder, und immer näher dem Scheitel des Gehenden, durch kein Rufen zu verscheuchen, und auch mit der Taschenlampe dann kaum, erst nach viel Lichtgefuchtel – was wollten sie? auf was waren die Nachtvögel aus? Und am Tag danach beim Überqueren eines still fließenden Bachs unvermutet mittendrin ein Einsinken, tiefer und tiefer, in den Schlamm, bis nah an die Hüften, gerettet »im letzten Moment« mit einem fast verzweifelten Hechtsprung zu einem vom andern Ufer überhängenden Ast — die Geschichte hier, die im Haus am Tisch auf die Fortsetzung wartete, wäre sonst unvollständig geblieben — was sie auch ist, auf andere Weise.

Und am heutigen Morgen noch, beim Gehen auf einem Steppenhang, das darüber hinwegflüchtende Reh, bei gleichzeitigem Büchsenknall am letzten Tag des Jahres, sich rettend und dabei, samt weißem Bausch hinten wie galoppierend, die Doppelgestalt von Pferd und Reiter, indianisch, vorgaukelnd. In derselben Steppe die Vorzeitmuscheln, -schnecken, -spiraltierchen hell verstreut wie überall in diesem weithin unbebauten Zwischenland, erstaunlich schwer in der Hand diese Fossile, welch ein Gegensatz zu den kaum was wiegenden Schneckenhäusern, Muschel- und Austernschalen von heute. Die Jägerfallen in den

Wäldern, zylindrisch, würfelförmig, Kegelstümpfe, pyramidenspitz. Im aufklarenden Nachthimmel der Fuhrmann als unregelmäßiges Vier- oder Fünfeck, die Kassiopeia als unvollendetes Doppeldreieck, die Plejaden – meine schwachgewordenen Augen – verdichtet zur Ellipse, und natürlich, da, der Jäger Orion, das Sternbild des Winters, wie sonst keines, den Himmel überwachend und beherrschend, wenn auch ohne Büchse im Anschlag, mit nichts als einem Pfeil, oder mit gar nichts im Gürtel, Schulter- und Kniesterne annähernd Parallelen.

Vorstellung von Parallelität auch tagsüber in den Momenten des Abbiegens von den Landstraßen und Ackerwegen querfeld- und querwaldein: Parallelität womit? Mit dem Aufstehen und Abseitsgehen zu den Stillen Orten, lebenslang. Und dann in solchem Gehen das Innehalten und Dastehen im Mittelpunkt des Erdkreises. Nichts als die weißen Kügelchen der Schneebeeren. Darunter die klitzekleinen Ellipsen des Hasenkots. Spärlich ein Blühen: das der silbrigen Waldrebenbäusche, an den Waldrändern eine spiralig verschlungene, wie arabische Schrift imaginierend. Aus den schlammigen Schollen ab und zu ein kleinblättriges Gelb ragend: die ersten, oder letzten, übriggebliebenen Rapsblüten, von denen im Sommer ganz Europa durchwürfelt sein wird. Als Blumen fast einzig die Gänseblümchen an den Wegrainen, französisch *pâquerettes*, was vielleicht von *Pâques*, Ostern, kommt? (Oder auch nicht.)

Und wieder ein Waldrand, gezackt mit den spitzwinkligen Dreiecken von Fichten, ganz ungewohnt in dem Zwischenland – ob die den kleinen Friedhof, »Cimetière à Têtu«, anzeigen, der sich laut Detailkarte hier befinden soll? Aber wo in dem Wäldchen ist nun der Friedhof? Auf springt ein Hase und lenkt so, im Zickzackflüchten, den Blick: Da ist er, der Friedhof – nichts als zwei Steinstelen, die dritte, ein Pyramidenstumpf, umgestürzt, umschlungen die Stätte, und so fast unsichtbar, von einem urwaldhaften Lianengewirr, die Inschriften aber auf den beiden Grabsteinen klar lesbar, der eine, größere Stein ein Doppeldenkmal für ein Ehepaar, gestorben in der Mitte des neunzehnten Jahrhunderts (zur Frau: »gute Gattin und zarte Mutter«), der weit kleinere dem gewidmet, von dem, laut Karte, das verstruppte Walddreieck seinen Namen hat: »Arthur Têtu« (verschieden, »décedé«, im Jahre 1919), mit dem Postskriptum, gleichwie auf dem Nachbarstein: DE PROFUNDIS, in Großbuchstaben. »Têtu«, das ist also ein Familienname, und der Friedhof heißt nach Monsieur Têtu, Vorname Arthur, statt, wie in meiner Phantasie, welche mich dorthin auf den Weg gebracht hat mit dem Gedankenspiel »têtu« – eigensinnig, »Friedhof für (einen) Eigensinnigen«, Friedhof des oder eines Eigensinnigen.

Und jetzt erst, lange im nachhinein, merke ich: Ich habe zu erzählen vergessen, was der vordringliche und mächtigste Anlaß zu diesem Versuch über den Stillen Ort war, nämlich: jene Übergänge, die unvermittelten, von Stummheit, Geschlagensein mit Stummheit, zur Wiederkehr der Sprache und des Sprechens – immer wieder erlebt, und im Lauf des Lebens zunehmend stärker, im Moment des Schließens und Absperrens der bewußten Tür, allein mit dem Ort und seiner Geometrie, weg von den andern.

Draußen: Verstummen. Verstummtheit. Sprachloswerden. Sprachlosigkeit. Sprache verlieren. Sprachverlust. Einsilbig geworden durch die Worte wie Wörter der andern, von ihnen zum Schweigen gebracht – angeödet – verödet. Weder, daß ein einziges Wort über die Lippen kommt, noch, schlimmer, daß es im Herzen, in der Lunge, im Blut oder sonstwo mittut. Höchstens ein

Tonloses, ein Unhörbares: »Ich muß kurz verschwinden!«

Kaum aber verschwunden im Stillen Ort: Die Sprach- und Wörterquelle springt frisch auf, frischer vielleicht denn je zuvor, selbst wenn der eben noch für allezeit Verstummte nach außen hin nicht laut wird. Die in der Regel so steilen, heimelig abgetretenen Stufen hinab, Tür zu, den Riegel senkrecht oder waagrecht gestellt, und schon hebt es zu reden an im Verstockten, de profundis, im Psalmenton, mit Feuerzungen, in Ausrufen, mehreren hintereinander, in einer ganz anderen, einer unerhörten Erleichterung, und wenn auch zum Beispiel bloß so: »Ja, da schau her. Ist das denn möglich? Wenn die Not aufs höchste steigt. Erbarme dich unser. Mit Butz und Stingel. Asche zu Asche. Kind, Kind. Es wird ein Wein sein. Ja, wenn das so ist. Und jetzt? Heute nacht oder nie. Schall und Wahn. Warum hast du mich verlassen? Neue Wörter! Mit neuen Wörtern aufwachen. Ohne wunde Brust. Wort für

Wort weiterleben. Mann und Frau. Und Frau und Mann. Nie werde ich ein Sänger sein. Good Golly, Miss Molly. Staunen ist alles. Nehmt mich entgegen.«

Das Grölen, Gellen, Toben und Kreischen draußen: verwandelt in Volksgemurmel und Weltgeräusch. Los, auf, zurück zu den andern, vielsilbig, voll von der Redelust.

Marquemont / Vexin
Dezember 2011